아산재단 연구총서 제390집

근거기반실천과 사회복지

이슈와 동향

김 유 진

집문당

아산재단 연구총서 제390집

근거기반실천과 사회복지: 이슈와 동향

2015년 8월 30일 1판 1쇄

저 자 | 김유진
발행인 | 임동규
발행처 | **집문당**
등 록 | 1971. 3. 23. 제300-2012-69호
영업부 | 413-120 경기도 파주시 광인사길 85
(02)743-3192~3 팩스(02)742-4657
전자우편 | sale@jipmoon.co.kr
편집부 | 110-360 서울시 종로구 돈화문로 82
(02)743-3096~7 팩스(02)743-0227
전자우편 | edit@jipmoon.co.kr
홈페이지 | www.jipmoon.co.kr

ISBN 978-89-303-1694-1
978-89-303-1500-5(세트)
가격 11,000원

이 도서의 국립중앙도서관 출판시도서목록(CIP)은 e-CIP홈페이지(http://www.nl.go.kr/ecip)와 국가자료공동목록시스템(http://www.nl.go.kr/kolisnet)에서 이용하실 수 있습니다.
(CIP제어번호: CIP2015019981)

머리말

지난 2001년 12월 9일자 뉴욕타임스(New York Times)의 '올해의 뉴스(Year in Review)[1]'에서는 그해에 가장 영향력을 끼친 아이디어로 근거기반의학(Evidence-Based Medicine)을 선정하였다. 근거기반의학이란 개념이 1991년 의학 문헌에 처음 등장한 이래로 서구 보건의학과 사회 서비스 영역의 중심 담론으로 자리 잡은 것을 표현한 것이다. 최선의 연구결과를 임상의 의사결정에 활용하는 것을 기본 정신으로 하는 근거기반실천은 임상개입 및 연구 방법을 위한 서적과 학술지, 그리고 워크숍을 아우르는 학술 시장에서 최신의 유행을 선도하고 있다. 실제로 구글(google)에서 '근거기반(evidence-based)'으로 검색하면 3억 3천 2백 개의 검색 결과가 도출되며(2013년 8월 23일 기준), 관련 검색어로 나오는 것을 보면 '근거기반의학(evidence-based medicine)', '근거기반실천(evidence-based practice)', '근거기반간호(evidence-based nursing)', '근거기반관리(evidence-based management)', '근거기반정신건강(evidence-based mental health)', '근거기반교육(evidence-based education)', '근거기반정책(evidence-based policy)' 등 '근거기반'이란 용어가 다양한 학문과 영역에 걸쳐 사용되고 있는 것을 볼 수 있다.

---

1) 기사의 출처는 다음과 같다.
http://www.nytimes.com/2001/12/09/magazine/the-year-in-ideas-a-to-z-evidence-based-medicine.html

사회복지계도 예외는 아니다. 1999년 갬브릴(Eileen Gamrill) 교수에 의해 윤리적인 사회복지실천을 위한 최선의 의사결정 방식으로 소개된 근거기반실천은 최근 서구 사회복지학계에 많은 변화를 가져오고 있다. 우선 눈에 띄는 것은 사회복지 관련 학술지의 반응이다. 의학에서 출발한 근거기반실천이 사회복지에 적합한지를 언급하던 것이 어느새 근거기반실천 실행에 따른 사회복지의 변화를 다루고 있다. 2004년 오직 근거기반실천 관련 논문만을 대상으로 하는 *Journal of Evidence-Based Social Work*가 창간되었으며, *Journal of Social Work Education*에서는 2007년 가을호를 근거기반실천에 관한 특별호로 출간하였다. 대표적인 사회복지 저널 중 하나인 *Research on Social Work Practice*에서도 근거기반실천 옹호자들을 중심으로 근거기반실천 연구동향을 계속해서 업데이트하고 있다.

근거기반실천이 동시대 지배적인 담론이라는 또 다른 지표는 이를 알리고 권장하기 위한 조직들이 계속해서 설립·운영되고 있다는 점이다. 최적의 합리적인 의사결정에 도움을 주는 근거를 생성하고 전파하는 목적으로 만들어진 코크런연합(Cochrane Collaboration)과 캠벨연합(Campbell Collaboration)을 비롯하여, 다양한 근거기반실천 정보센터(Clearinghouse)들이 북미와 유럽, 중국에서 운영되고 있다. 예를 들어, 미국의 〔What Works Clearinghouse〕, 〔California Evidence-Based Clearinghouse for Child Welfare〕, 〔Evidence Database on Aging Care〕, 스웨덴에 있는 〔MetodGuiden〕, 그리고 중국의 〔Chinese Center for Evidence-Based Practice and Policy〕 등은 근거기반실천 운동을 뒷받침하는 대표적인 조직들이다(Soydan, Mullen, Alexandra, Rehnman, & Li, 2010).

근거기반실천은 정책 수준에도 영향을 미치고 있다. 입법과 행정

조처를 통해 근거기반실천이 사회복지실천 현장에 빠르게 자리 잡도록 하는 것이다. 미국의 경우 2001년 민관 협동 조직인 Council for Excellence in Government에 의해 근거기반 정책 연합(Coalition for Evidence-Based Policy)이 제정되었다. 그리고 약물중독 및 정신건강 서비스국(Substance Abuse and Mental Health Services Administration, SAMHSA)에서는 주정부 차원에서 효과성이 입증된 근거기반실천 프로그램(evidence-based practices)[2)]을 활용하도록 촉구하고 있다. 미국 오리건 주에서는 정신건강 관련 예산의 75%를 근거기반실천식으로 실행되는 프로젝트에 배정되도록 하고 있다(Petr & Walter, 2009).

기존 사회복지실천 방식에 총체적 변화를 가져오는 근거기반실천은 '패러다임의 전환(paradigm shift)'으로 거론되기도 한다(Bodgan-Lovis, 2006, p. 2615; Edmonds et al., 2006, p. 377). 그리고 비용효과적인 서비스에 대한 요구, 책무성과 투명성에 대한 사회적 요구와 맞물리면서 '공공의 아이디어(public idea)', 또는 '사회적 운동(social movement)'이 되었다(Briggs & McBeath, 2009; Drisk & Grady, 2013). 서구 사회복지와 보건의료 현장에 이러한 변화를 가져온 근거기반실천은 어떻게 발전해 왔을까? 그리고 그것의 실체는 무엇일까?

우리나라에서도 의학과 간호학을 중심으로 논의되던 근거기반실천은 2005년 한국사회복지학회를 통해 처음 소개된(공계순 · 서인해, 2005) 이후, 이에 대한 학문적 관심이 여러 논문과 저술로 나타나고 있다. 본 연구서가 보건의료계 연구를 포함하여 국내에서 출간된 근거기반실천 관련 논문 및 서적물과 다른 점은 본 연구서는 근거기반실천 개념과 방법을 단순히 정리하는 차원을 넘어서 근거기반실천을

2) 근거기반실천의 '실천(practice)'이 명사형으로 쓰이는 경우이다. 이에 대한 자세한 설명은 1장 4절에서 다루고 있다.

둘러싼 논쟁과 실체를 밝히는 것에 중점을 두고 있다는 점이다. 본 연구에서는 다음과 같은 질문을 탐색하고자 하였다.

–근거기반실천이란 무엇이며, 그것은 어떻게 보건의료와 교육 및 사회 서비스 분야에서 관심의 초점이 되었는가?
–서구 사회복지는 근거기반실천을 어떻게 받아들이고 있으며, 구체적으로 어떠한 변화를 겪고 있는가?
–1991년 첫 등장 이후 근거기반실천에 대한 논의는 어떻게 진행되고 있는가?

본 연구서의 목적은 근거기반실천에 대한 구체적인 내용과 관련 이슈들을 정리함으로써 21세기 서구 사회의 사회복지실천이 이루어지고 있는 맥락과 진행 상황에 대한 이해를 돕는 것이다. 서구에서 진행되는 논의 위주로 정리되다보니, 우리나라 실천현장에 적용 가능한 함의까지는 구체적으로 다루지 않고 있다. 근거기반실천에 대한 논의와 동향을 살펴보는 본 작업을 통해, 우리나라에서도 이에 대한 활발한 연구가 촉진되기를 기대해본다.

본 연구서는 총 3장으로 이루어졌다. 1장에서는 근거기반의학의 도입배경과 발전을 살펴보고, 근거기반실천의 정의와 개념, 구성요소, 그리고 근거기반실천이 이루어지는 단계를 정리하였다. 이와 함께, 근거기반실천의 인식론에 관한 논쟁 및 근거에 대한 논의 정리를 통해 근거기반실천을 둘러싼 논쟁을 살펴보았다. 또한, 근거기반실천이 급속한 속도로 서구 보건의학 및 사회복지계에 변동을 가져온 맥락을 세 가지 측면에서 살펴보면서 근거기반실천의 실체를 정리하였다.

2장에서는 21세기의 서구 사회복지계와 근거기반실천의 관계를 이해하기 위하여 먼저 사회복지 전문직이 발전되어 온 역사적, 그리고 사회·정치적 맥락을 서구 중심으로 알아보았다. 그리고 사회복지계가 근거기반실천을 받아들이는 다양한 입장들을 정리하고, 근거기반실천 활성화 움직임에 따른 최근 사회복지계 이슈를 두 가지 차원에서 살펴보았다.

3장에서는 근거기반실천식 사회복지실천의 촉진을 위해 현재 서구 사회복지계에서 진행하고 있는 작업을 실제적인 예를 통해 정리하였다. 먼저 사회복지 교과과정을 통해 예비 사회복지사들에게 근거기반실천을 교육하는 내용을 살펴보았다. 그리고 사회복지 현장에서 근거기반실천을 실행하며 겪은 어려움들을 정리하며 그에 대한 대책 방안들로 거론되는 것을 정리하였다. 마지막으로 지식 생성만큼 중요한 지식 전파와 전환을 위한 노력들로서 그 중요성이 더해지고 있는 체계적 고찰 및 전환 연구에 관한 동향을 살펴보았다.

박사과정에서 임상사회복지사로 훈련을 받으며 얼마나 많은 시행착오를 거쳐야 유능한 사회복지사가 될 수 있는지 고민했던 시간들이 선명하게 떠오른다. 경험적 실천(empirical practice)의 중요성을 이론으로 무수히 접했어도 클라이언트와 대면할 때 배운 것을 제대로 하고 있는지 확신이 서지 않던 때가 얼마나 많았던가. 본 저자는 BK21 박사후연구원으로 있으면서 2007년 여름 학기 외국인 교수로 방문한 Bruce A. Thyer 교수를 통해 근거기반실천을 처음 접하였다. *Research on Social Work Practice*의 편집장이기도 한 싸이어(Thyer) 교수로부터 근거기반실천이 사회복지를 보다 향상시키는 방법이라고 전해들은 후 이에 대한 공부를 하기로 마음먹었었다. 그룹 스터디를 통해 실천지식을 생성하고 발전시키는 방법으로서 근거기반실천을 연구하면서 이것이 사회복지실천 향상을 위해 어떠한 비전을 줄 것인지에 대해 탐색하였다. 근거기반실천에 대해 공부하면 할수록 표면적으로 보이는 유익성에 대한 논의와 함께 그 논의의 한계가 드러나는 것도 함께 보았다. 저자는 본 연구서를 통해 근거기반실천을 둘러싼 다양한 이슈들, 그리고 근거기반실천을 향상시키기 위한 구체적인 노력들을 담고자 하였다. 근거기반실천에 관한 담론은 현재 진행형이다. 사회복지 과학화 노력의 연장선에 있는 근거기반실천이 앞으로 어떤 식으로 진행될지 기대된다.

끝으로 연구서 집필 작업에 격려와 도움을 준 여러 분들과 가족에게 심심한 고마움을 전하며, 무엇보다 항상 함께 하시는 하느님께 감사 인사를 드리고 싶다.

| 차 례 |

| 표 차례 |

제1장

근거기반실천에 대한 이해

제1장 근거기반실천에 대한 이해

1. 근거기반실천의 역사적 배경 및 발전

근거기반실천이 무엇에 관한 것인지를 이해하기 위해서는 먼저 '근거기반(evidence-based)'이란 용어가 어떤 맥락에서 나온 것인지, 그리고 다른 학문이 아닌 의학에서 '근거기반의학'으로 시작한 것이 어떻게 다학제적인 '근거기반실천'으로 진화하게 되었는지를 살펴보는 것이 필요하다.

미국 관리의료제도(managed care)에서 촉망받는 의사이자 응용수학자인 데이비드 에디(David Eddy, 2005)에 의하면 40여 년 전까지만 하더라도 의사의 진료 행위에 대해서 거의 절대적인 믿음 같은 것이 존재했었다고 한다. 치열한 의대 교육과 전문의 훈련을 거친 의사들이기에 제대로 된 진료를 할 것이라는 믿음이 그것이었다. 더구나 임상 경력이 오래된 의사일수록 진료 경험이 축적되어 환자가 어디가 안 좋은지 척 보면 알 수 있고 치료에 필요한 지식과 기술을 바탕으로 '예술의 경지' 또는 '임상적 판단력'을 갖추었을 것이라고 기대했다는 것이다. 또한, 그 시기는 만약 어떤 질병을 치료를 하는 데에 다수의 의사가 시행하는 방법이 있다면 그것이 옳은 방법으로 여겨지는 분위기였다고 한다(지금도 크게 다른 것은 아닌 것 같다).

계속해서 Eddy(2005)에 의하면, 1970년대 초반이 되면서 이런 분위기가 바뀌게 되었다. 위에서 살펴본 진료 문화에는 사실 많은 결함이 있다는 사실이 드러나기 시작하였다. 첫 번째 결함은 의사들의 진료 행위를 맹신하기에는 문제가 있는 것으로 밝혀진 것이다. 예를 들면, 어떤 한 명의 환자를 두고 의사들마다 각기 다른 처방을 내리는 것처럼 질병 치료에 대한 진단과 치료 방식이 신뢰할 만한 방법이 아닌 의사의 재량에 따라 제각각 이루어지는 것은 아닌가 하는 의구심이 불거졌다. 이러한 연구의 뒤를 이어서, 의사들의 진료행위가 적절치 않게 행해지는 부당진료가 많다는 연구들이 계속해서 진행되었다(Wennberg et al., 1973, Eddy(2005), p. 9에서 재인용; Wennberg, 2002).

기존 진료 문화의 두 번째 결함은 임상연구 결과와 실제로 임상 현장에서 이루어지는 것 간의 격차가 크다는 것이다. 격차가 크다는 것은 임상에 활용할 괜찮은 연구 결과가 충분치 않은 점, 임상연구에서 비효과적이라고 나왔지만 여전히 진료현장에서 추천되는 치료법이 많다는 점, 그리고 임상연구 결과가 좋더라도 그것이 상용화되는 데 걸리는 시간이 너무 긴 점 등을 의미한다. 이와 함께 소위 과학적 부당행위(scientific misconduct)에 대한 우려의 목소리도 진료문화를 다시 돌아보게 하는 계기를 제공한 것으로 보인다. 문헌고찰 및 방법론상의 편견과 출판계의 무지 및 한계로 인해 형편없는 논문들이 계속 출판되어 읽히고 그것이 실천에 적용되는 위험이 지적되기 시작하였다(Rosenthal, 1994).

기대와 달리 이루어지는 진료 현황을 파헤치면서 의학계는 다음과 같은 질문을 하게 되었다고 한다. "과연 동일한 증상에 대해 의료진마다 다르게 처방한다면, 누구의 진료를 믿어야 하는가? 또 그것인들 어떻게 믿을 수 있는가?", "신뢰할 수 있는 제대로 된 진료가 이루어지려면 무엇이 필요한가?", "진료는 엄격하고 체계적으로 이루어진 임상연구 결과를 근거로 해야 하지 않는가?" 하는 질문들이 본격적으로 시작되었다(Eddy, 2005).

'근거기반(evidence-based)'이란 용어는 임상진료 지침(clinical guideline)은 주관적 판단이나 전문가의 의견 등이 아닌 필히 근거에 기반을 두어야만 한다는 의미에서 처음으로 사용된 용어이다(Eddy, 1990). 그리고 근거기반의학(evidence-based medicine)은 개별 임상의들이 보다 적극적으로 임상연구 결과를 활용하여 진료하도록 하는 의학교육 방법으로서 고안된 것이다. 캐나다 맥매스터 대학교(McMaster University)의 임상 역학자인 고든 자이에트(Gordon Guyatt)에 의해 명명된 근거기반의학이란 용어가 처음으로 등장한 것은 1991년 발간된 의학 저널을 통해서였다[1].

자이에트 박사는 1970년대 후반부터 데이비드 새킷(David Sackett)을 비롯하여 같은 의대 소속의 연구자들과 팀(Evidence-Based Medicine Working Group)을 이루어 임상의에 대한 교육, 그리고 임상연구 결과를 해석하는 비평적 평가(critical appraisal)에 관한 논문을 시리즈로 출간하고 있었다. 근거기반의학작업그룹(Evidence-based Medicine Working Group)은 의료 행위에 패러다임의 변화가 필요하다는 주장과 함께 환자 진료에서 임상 연구 결과 활용의 중요성을 강조하였다. 그리고 근거기반의학의 개념을 "현존하는 최상의 근거를 공정하고, 명백하며,

1) Guyatt, G. H.(1991). Evidence-based medicine. *American College of Physician Journal Club*, 114, A-16.

현명하게 사용하여 개개인의 환자에 대한 의사결정을 하는 것"이라고 정의하고, 구체적인 방법과 과정 및 단계를 성문화하며, 최선의 근거를 결정하는 데 사용하는 방법론을 확립하였다(Sackett et al. 1996).

이와 같은 근거기반의학은 스코틀랜드의 임상 역학자인 아치볼드 코크런(Archibald Cochrane)의 선구적인 업적을 토대로 한다. 결핵을 비롯한 폐질환 분야의 석학이었던 코크런 박사는 근거기반의학의 탄생에 지대한 영향을 끼친 저서 *Effectiveness and efficiency: random reflections on health services*를 내놓았다. 1972년에 출판된 이 책에서 코크런 박사는 그 당시 의사들의 권위주의적인 진료 성향, 그리고 오래전 배운 의학지식과 자신의 경험에만 기대는 임상의의 모습을 지적하며, 임상 진료와 보건의료 정책 결정은 다수의 환자들을 대상으로 한 연구(population-based trials)를 통해 검증된 과학적 근거에 기반을 두고 이루어져야 한다고 주장하였다. 이러한 주장은 그 당시 혁명적인 생각으로 비쳐졌으며, 그를 의료 개입 평가 분야, 그리고 근거기반의학의 선구자로 불리게 하였다. 코크런 박사는 무작위 실험설계 연구로 나온 결과를 매우 강조했는데 그것이 치료 효과에 대한 설득력 있는 정보를 제공한다고 보았기 때문이다. 그는 전 생애를 통해 임상의들은 각각의 특정 질병에 효과적인 치료법에 대한 지식을 갖추고 있어야 한다고 강조했다(Drisko & Grady, 2013). 제이차 세계대전에 참전하였다가 포로가 된 적이 있는 아치볼드 코크런은 독일의 한 포로수용소에서 포로 담당 의무관으로 지내던 시절의 경험을 글로 남겼다. 그 중에서 결핵 치료방법을 고민했던 장면이 인상적이다. 그가 왜 그렇게 무작위 실험설계 결과를 중요시했는지, 그리고 보건의료 자원의 공정한 분배를 강조했는지 엿볼 수 있는 대목이다. 코크런 박사는 그 당시 적십자의 구호물품 지원으로 다양한 치료법을 내키는 대로 시행할 수 있었던 환경이었다고 회고하며, 자신의 경험을 다음과 같이 기술하였다.

> (결핵을 치료하는 데) 어떤 식으로 하든지 온전히 내 마음대로 할 수 있었다. 그런데 어떻게 해야 하는지 내가 모른다는 것이 문제였다. 결핵으로 죽어가는 환자들을 살리는 데 가장 적합한 치료법을 알 수 있기를 얼마나 바랬는지. 그걸 알 수만 있다면 내 무지가 얼마든지 드러나도 전혀 상관치 않을 것 같았다. 나는 '무작위 통제실험'이라는 것은 들어본 적도 없었다. 그 당시 나의 치료가 결핵을 앓는 환자들에게 얼마나 효과적인지 알 수가 없어 정말 힘들었다. 오히려 불필요한 치료로 내 전우들의 생명을 단축시키는 것은 아닌가 하는 생각에 너무 두려웠다(1972, p. 5).

코크런 박사는 무엇이 '효과적인지' 모르는 상황에서 치료개입 방법을 정하는 것이 거의 임의로 이루어질 수밖에 없고, 그 결과는 비효과적인 개입이 되거나, 오히려 해를 끼치는 개입이 되거나, 비효과적인 개입을 지속하게 되거나, 아니면 좋은 결과보다 해를 더하는 개입이 중단되지 않는 등의 실패로 이어질 수 있다고 지적하였다(Gray, 2001).

임상실천은 엄격한 연구결과를 기반으로 이루어져야 한다는 코크런과 맥매스터 의대 팀의 주장은 1993년 영국 옥스퍼드에 코크런연합(Cochrane Collaboration)이 세워지면서 가시화된다. 인터넷과 IT 발전을 바탕으로 가능해진 이 국제적, 비영리적 조직의 목적은 최대한 정확하며 체계적인 보건의료 연구 결과를 전파하는 것이다. 코크런연합에서는 보건의학 분야의 무작위 실험설계 연구결과들을 대상으로 메타 분석한 결과를 데이터베이스화하고 있다. 이렇게 정리된 자료는 코크런도서관(Cochrane library)으로 불리며 CD-ROM과 인터넷을 통해 공개되어 전 세계 의사들의 임상 지침으로 활용되고 있다. 코크런 연합 외에도 다양한 국제적 조직이 동일한 목적을 가지고 세워져 운영되고 있다. 코크런연합의 자매격으로 불리며, 사회서비스와 교육, 교정 관련 주제에 대한 체계적 고찰(systematic review)을 제공하는 캠벨연합(Campbell Collaboration)과 사회적 · 경제적 · 정치적 이슈에 관한 자료 분석과 전파를 목적으로 하는 랜드연구소(RAND Corporation, www.rand.org) 등이 그것이다(Gambrill, 2006; Morago, 2006).

의학을 하는 방법을 근본적으로 바꾸어 놓을 임상교육 방법으로 탄생한 근거기반의학은 코크런 박사가 기대했던 대로 해가 되거나 효과적이지 않은 치료법을 제거하는 한편 효과적인 개입방법을 구축하는데 한 발자국 다가서게 하는 방법으로 받아들여지며, 보건의료 서비스의 책무성을 향상시킬 수 있는 중요한 방법으로 여겨지고 있다. 비록 의학에서 출발했지만 근거기반의학이 '의학적 모델'은 아니다(Thyer, 2006). 과학적 연구에 기반을 둔 실천을 해야 한다는 근거기반의학의 정신은 효과적인 개입방법에 대한 요구, 그리고 공공서비스의 비용대비 효과성 및 목적 달성 여부에 대한 의문이 지속적으로 제기되면서 근거기반간호, 근거기반정신보건, 근거기반사회복지 등으로 적용 분야가 넓혀지면서 근거기반실천 운동으로 확산되었다(Gray, 2001; Macdonald, 1999; Mullen & Streiner, 2004; 김유진, 2007a, p. 29에서 재인용). 근거기반실천에 대한 이 같은 다학문적인 열풍은 자원조달방식체계의 변화 등을 비롯한 정치 · 경제적 변화에 대응하는 원조전문직의 노력을 반영하는 것이다(김유진, 2008, p. 278에서 재인용). 또한, 단지 임상관련 분야에만 그치는 것이 아니라 조직관리, 행정 및 정책

등 거시적인 영역에서도 근거기반실천에 대한 논의가 진행되고 있다(Bennett, et al., 2003). 이 같은 근거기반실천으로의 움직임은 어느 한 지역에서만 국한된 것이 아닌 글로벌한 현상이다(Egerod & Hensen, 2005; Kitson, 2004). 우리나라에서도 2000년 이후 간호학계와 의학계를 중심으로 근거기반실천에 관한 논문과 교재가 선을 보이고 있다.

근거기반실천이 빠른 속도로 보건의학과 교육, 그리고 사회서비스 등의 분야로 전파된 것은 간결하고 명확한 방법론적 체계를 갖추었을 뿐 아니라 그것이 전하는 메시지가 간단하면서도 강력하기 때문이라고 평가받고 있다(Trinder, 2000). 현존하는 최고의 과학적 지식에 기반을 두고 개입해야 한다는 것은 쉽게 수긍할 만한, 그리고 합리적이고 이성적인 주장이기 때문이다. 게다가 아래에서 살펴볼 것처럼 사회 환경적, 그리고 시대적 변화 및 요구와 맞물려 있기에 근거기반실천은 일시적 유행에 그치는 것이 아니라 지속적으로 발전될 것으로 기대된다(Briggs & McBeath, 2009; Dill & Shera, 2012; Julian & Proykov, 2012).

근거기반실천이 사회적 움직임이 된 배경을 정리하면서 본 절을 마무리하고자 한다. '위기의 사회(risk society)'인 현대 사회에서는 삶의 위기를 최소화하고 관리하는 작업이 주요한 일이다. 이런 상황에서 근거기반실천이 주장하는 대로 의료서비스를 비롯한 사회적 개입은 가장 최선의 과학적 근거를 통해서 합리적이고 투명하게 의사결정을 해야 하고, 이를 통해 위기를 줄이며, 해를 끼치지 않고 좋은 결과를 가져오도록 하자는 것은 설득력 있는 주장이다(Trinder, 2000). 바로 이 점이 근거기반실천의 윤리적인 측면이라고 볼 수 있는데, 근거기반실천을 옹호하는 입장에서 강하게 어필하는 부분이다. 좋은 의도로 시작했지만 해를 끼친 사례들을 언급하면서[2], 실천 및 정책의 의사결정은 해가 될지도 모르는 것에 시간, 비용 및 노력을 들이지 말고 효과성이 입증된 최선의 근거를 바탕으로 이루어져야 한다는 주장이다. 해를 끼칠지도 모르는 정책상·실천상의 결정을 피하기 위하여 근거기반실천을 해야만 한다는 것이 근거기반실천 운동이 확장되는 강력한 동인이다(Chalmers, 2003; Gambrill, 2003).

그 철학적 뿌리는 오래됐지만 근거기반실천이 이렇듯 실천적 그리고 정책적 이슈들을 아우르는 움직임으로 성장한 것은 IT 기술발전과 인터넷 혁명에 의해 가능해진 비교적 최근의 일이다. 정보통신기술이 빠르게 발전하면서 엄청난 양의 정보를 접하는 데 속도가 붙었

---

2) 좋은 의도로 시작했으나 결국 해를 끼친 것으로 드러난 사회적 개입의 예들로서 서구 사회복지 문헌에서 자주 소개하는 두 가지 사례가 있다. 첫 번째 사례는 1930-40년대에 걸쳐 미국에서 시행된 Cambridge-Sommerville Youth Study라는 개입이다. 궁핍하고 불우한 지역의 청소년 범죄를 예방하고자, 방과 후 레저, 과외, 카운슬링, 여름 캠프, 그리고 필요한 경우 의학적 도움을 제공하는 것을 내용으로 하는 것으로 시행 당시 매우 이상적인 프로그램으로 여겨졌다고 한다. 비슷한 연령대의 아동과 청소년들을 성격과 사회경제적 배경 등을 고려하여 그룹으로 배정하였고, 개입에 대한 평가가 수년 후 실험설계식으로 이루어졌다. 앞서 언급한 내용의 서비스들을 제공받은 그룹은 개입 집단, 그리고 기본적인 서비스만 제공된 다른 그룹은 통제 집단으로 설정한 것이다. 추적조사 결과는 충격적이었는데, 통제 집단보다 개입 집단의 청소년들이 범죄, 알코올 문제, 정신질환의 문제를 더 많이 겪었으며 이들의 평균 수명도 동년배들과 비교할 시에 오년 여 정도 짧은 것으로 나타났다(McCord, 1992).
두 번째 사례는 역시 미국의 예로서 Scared Straight라고 명명된 프로그램이다. 경미한 범죄를 저질렀거나 또는 범죄 위험에 처해있다고 여겨지는 청소년들을 감옥에 초대하여 성인 재소자와 이야기를 나누고 감옥의 생활이 어떤지 맛보게 하는 것을 기본 내용으로 하는 청소년 범죄예방 프로그램이었다. 이 프로그램의 가정은 감옥 생활을 잠시나마 경험하는 것이 두려운 경험이 되어 청소년들이 범죄 행동을 단념하게 될 것이라는 것이었다. 미국에서 한동안 유행처럼 번져서, 여러 개의 주에서 주정부 공공 정책으로 받아들이기도 했다고 한다. 그러나 훗날 역시 추적조사 결과, 그런 감옥에로의 초대를 받지 않은 통제 집단의 청소년들보다 프로그램에 참여한 자들의 범죄율이 훨씬 유의미하게 높은 것으로 드러났다(Petrosino et al., 2004).

고 축적된 임상연구의 확산을 촉진하기 위해 전자 데이터베이스와 코크런연합 같은 조직들이 구축되면서 실천가뿐 아니라 보건의료 서비스 이용자들도 가장 최신의 연구 결과를 접할 수 있게 되었다(Gambrill, 2006). 효과적이면서도 고품질의 서비스를 받을 소비자의 권리가 중요해진 것도 현대 사회의 주요한 특징 중의 하나이다(Trinder, 2000). 다음 절에서 구체적으로 살펴보겠지만 근거기반실천에서는 의사결정 과정에 자신의 선호와 가치를 반영하며 가장 효과적인 서비스를 받을 서비스 이용자의 권리를 중요시한다.

무엇보다 현대 사회에서 근거기반실천이 성장할 수 있었던 배경으로 관리주의적 문화를 언급하지 않을 수 없다. 효과성이 증명된 개입을 강조하고 보건의료 자원 사용의 합리성과 효율성을 제고해야 한다는 마인드를 기본으로 하는 근거기반실천은 성과관리를 중시하는 신자유주의적 조직의 정책가들과 행정가들에게 분명 매력적인 아이디어였을 것이다(Gray, Plath, & Webb, 2009). 비용효과적인 서비스에 대한 요구, 그리고 책무성과 투명성에 대한 사회적 요구가 근거기반실천을 공공적인 아이디어(public idea)가 되게 하고 있다.

2. 근거기반실천의 정의와 기본 개념

1) 근거기반실천에 대한 정의

앞에서 살펴본 것처럼, 과학적 방법을 통해 얻은 근거가 의료행위의 기초가 되어야 한다는 근거기반의학은 임상의의 진료 의사결정을 돕는 것에서 출발하였다. 근거기반의학 또는 근거기반실천에 대한 정의는 새킷 박사와 그의 팀(1996)이 정리하였는데 다음과 같다.

> 근거기반의학이란 개별 환자를 진료하면서 의학적 결정을 내리고자 할 때 현 시점에서 입수할 수 있는 가장 최선의 근거를 세심하고, 정직하며, 신중하게 이용하는 것이다(the conscientious, explicit and judicious use of current best evidence). 근거기반의학을 한다는 것은 개인 의사의 임상 경험을 체계적 연구로부터 도출된 최선의 근거와 통합시키는 것을 의미한다(Sackett et al., 1996; pp. 71-72).

그런데 이 초기의 정의를 실제 임상에 적용하기란 쉽지 않았다. 의료행위에 관한 의사결정이 최선의 임상적 근거에 기초하여 이루어져야 한다는 것이 근거기반의학의 특징이자 강점이지만, 이것을 실행하는 일이 말처럼 간단하지도 쉽게 되는 일도 아니며, 본 정의는 임상적 결정이 이루어지는 데에 임상의의 개별적 능력은 무시하고 연구결과의 역할은 지나치게 과장하는 것처럼 들리는 점이 없지 않다. 이와 같은 지적에 대해 맥매스터 근거기반의학 작업팀은 "당연히 연구결과만으로 개입 조치를 적절하게 취할 수 없다(Haynes, Devereaux, & Guyatt, 2002a, p. 38)"라고 부연 설명을 하며, 근거기반의학의 특징을 제대로 살리면서도 좀 더 실제적으로 의미를 전달하기 위해 그 개념을 다시 정의하였다. 다음과 같은 두 번째 정의가 의사결정 과정으로서의 근거기반실천에 대한 정의로 널리 사용되고 있다.

> 근거기반의학이란 연구 결과로 도출된 최선의 근거와 함께 임상 전문지식과 환자의 선호 및 가치를 통합하는 것이다. 여기서 각각 환자의 문제 상황 또는 질병 상태, 그리고 환자가 선호하는 것은 연구 결과만큼 중요하며 전문적 임상 지식을 통해 임상 의사결정에 통합된다(Sackett et al., 2000, p.x).

2) 의사결정으로서의 근거기반실천 모델의 구성 요소

헤인즈와 동료들(Haynes et al., 2002a)은 근거기반의학의 두 번째 정의는 사실 네 개의 파트로 구성된 것으로서, 네 가지 구성요소가 상호 연계된 상태로 실천에 관한 의사결정이 이루어져야 한다고 강조하였다. 각각의 구성요소는 다음과 같다: ① 클라이언트가 현재 겪고 있는 질병 상태 또는 문제 상황, ② 최선의 근거들, ③ 클라이언트가 선호하는 바와 가치, 그리고 ④ 마지막 요소는 전문가의 지식과 판단력으로서 〈그림 1-1〉[3]에서 중간에 중복되는 동심원 부분이다.

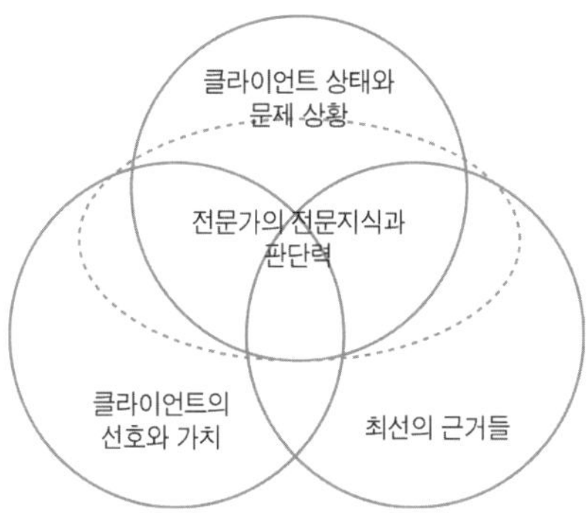

〈그림 1-1〉 근거기반실천의 구성 요소

(1) 클라이언트의 상태와 문제 상황

전문가의 개입이 요청되는 상황, 즉 클라이언트가 처한 상황을 의미한다. 클라이언트는 누구이며, 해결해야 할 문제는 무엇인지를 파

3) Haynes, R., Devereaux, P., & Guyatt, G.(2002a). Clinical expertise in the era of evidence based medicine and patient care. *Evidence-based Medicine*, 7, 36-38. 에서 발췌 및 수정하였음.

악하기 위해, 문제 상황과 관련하여 클라이언트의 강점과 자원, 그리고 그를 둘러싼 주변에 대한 사정이 필요하다. 그리고 사회복지사가 속한 기관의 물리적 환경, 기관의 목표와 자원, 제공하는 서비스의 종류가 해당 클라이언트의 문제 해결에 미칠 영향을 고려해야 한다.

(2) 최선의 근거

클라이언트의 문제영역 및 문제해결과 관련이 있는 연구결과들로 개입의 효과성과 적절성, 그리고 유익성을 예측할 수 있어야 한다. 근거기반실천에서는 근거의 서열체계를 강조하며 최선의 근거란 타당성과 영향력, 효과성, 그리고 임상적 적용성에서 우위를 보이는 근거들이라고 한다(McNeece & Thyer, 2004; Sackett et al., 1997). 근거기반의학의 주창자들은 실증주의 인식론에 입각하여 활용 가능한 근거에 위계적인 체계를 규정하였고 무작위 추출과 통제·실험집단설계에 의한 연구결과를 높은 위치의 근거로 보는 반면, 〈그림 1-2〉에서 보는 것처럼 질적 연구결과 또는 개별 임상가의 의견 등은 낮은 수준의 근거로 규정했다. 개입의 효과성 증명을 위해서는 이러한 위계적인 근거체계에 의한 근거 선택이 타당하다는 것이다. 구체적으로는 개입의 결과를 보여주는 성과근거들, 그리고 성과연구들에 대한 메타연구(meta analysis)와 체계적인 평론(systematic review) 등을 선호한다. 근거기반실천 주창자들에 의하면 일반화 가능성, 측정가능성, 통제가능한 인과적 관계, 과학적 회의(skepticism), 경험적 실증, 관찰방법의 신뢰성과 반복 가능한 재생성(replication) 등의 조건을 만족하는 자료를 근거(evidence)로 할 때 과학적이고 전문적인 개입을 할 수 있다고 한다(김유진, 2008, p. 279에서 재인용).

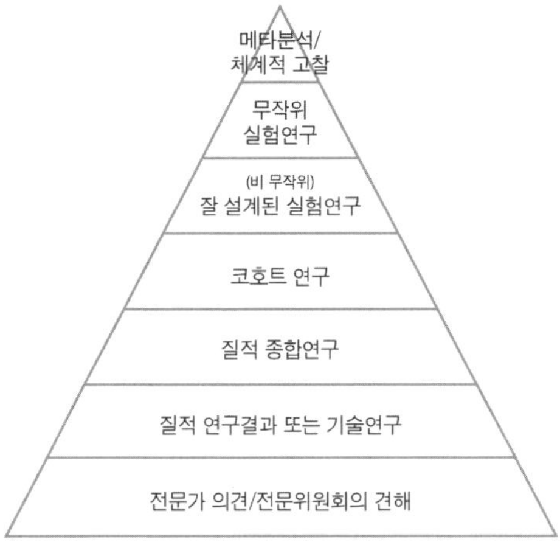

－메타분석: 효과성 연구들(주로 무작위 실험연구)에 대한 효과성 크기 연구
－체계적 고찰: 특정 연구 질문에 답을 얻기 위해 사전에 정의된 방법에 따라 문헌 근거를 체계적으로 선별, 통합하여 결과 도출하는 연구
－코호트 연구: 어떠한 원인이 어떤 결과를 가져오는지 연구하는 것으로 시간적인 개념을 포함하는 전향적 추적조사

출처: Stillwell, S. B.(2010). Evidence-based practice, step by step: searching for the evidence. *The American Journal of Nursing*. 110(5), 41-47. p. 43에서 발췌 및 수정하였음.

〈그림 1-2〉 위계적 근거체계 피라미드

(3) 클라이언트의 선호와 가치

클라이언트가 중요하게 생각하는 가치와 선호, 그리고 개입에 대한 기대와 목표에 대한 것이다. 클라이언트의 선호와 가치에 대해 사정하면서 실천가는 문화적 다양성에 대한 이해를 바탕으로 여러 가지 사회문화적 요인과 환경적 요인이 개입을 결정할 때에 미치는 영향에 대해서 충분히 고려하며, 클라이언트의 결정을 존중해야 한다.

(4) 전문가의 전문지식과 판단력

①~③의 구성요소(각각 클라이언트의 상태와 문제 상황, 최선의 근거들, 그리고 클라이언트의 선호와 가치)를 최적으로 통합하기 위해서는 전문가

의 지식과 판단 능력이 중요하며, 이것이 세 가지 요소들을 결합하는 접착제 역할을 한다는 의미이다. 그렇다면 제대로 된 의사결정을 위해 실천가에게 요구되는 전문지식과 판단능력이란 무엇을 의미하는 것일까? 근거기반의학 창안자들은 이것에 대해서 구체적으로 설명하지는 않았다. 전문지식이란 개입 결과를 높이는 데 필요한 여러 역량을 포괄하는 것으로, 전문적으로 유능한 실천가라면 기본적으로 갖추어야 할 것을 의미한다(American Psychological Association, 2006). 전문지식을 갖춘 실천가라면 사정 또는 진단 능력과 더불어 명확한 근거와 정당성을 바탕으로 개입 계획을 세울 수 있어야 한다. 이와 함께 개입 실행과 진행 사항을 모니터링하고 평가하는 것도 핵심적인 능력이다. 또한 유능한 실천가는 좋은 대인관계 능력도 갖춰야 하는데 사회복지 개입은 치료적 관계의 속성을 갖고 있기 때문이다. 개별 클라이언트에 대한 이해와 더불어 실천가의 자기 반영성, 그리고 문화적 역량, 한정적인 자원을 비롯한 실질적인 이슈들이 임상 의사결정에 미치는 영향을 파악하는 능력도 갖추어야 한다(Drisko & Grady, 2013). 여기에 덧붙여 과학적인 연구 결과를 검색하고, 해석하며, 판별할 수 있는 지식과 분석력을 갖추고, 관련 근거들을 개별 클라이언트의 상황과 실천 상황에 분별력을 가지고 적절하게 적용하는 능력이 필요하다. 이것과 함께 임상적 결정에 따른 위험성과 혜택을 클라이언트에게 전달하는 기술 또한 갖추고 있어야 한다. 또한, 클라이언트가 의사결정 과정에 고지된 참여자(informed participant)로 동참하도록 하는 지식과 기술도 필요하다.

3) 근거기반 의사결정과 권위주의적(authority-based) 의사결정의 비교

사회복지사가 개입에 관한 의사결정을 하는 두 가지의 사례를 들어 보고자 한다.

시나리오 1.

박나리 사회복지사는 최근 다녀온 예술치료 워크숍을 통해 그림치료와 놀이치료가 문제행동을 보이는 아동에게 효과적인 개입방법임을 알게 되었다. 그 워크숍은 각 분야의 전문가들이 여러 가지 예술적 개입을 통해 아동의 증상을 치료한 예를 설명하는 자리였다. 박 사회복지사는 그들의 치료 경험이 매우 인상적이었던 만큼 지역아동을 대상으로 새로 기획하는 프로그램을 예술치료 프로그램으로 하고 싶다는 생각을 하였다. 이에 대해서 슈퍼바이저에게도 긍정적인 허락을 받았고, 자신의 임상경험을 고려할 때 큰 어려움이 없을 것이라고 판단하여 아동과의 예술치료 프로그램 진행을 결정하였다.

의사결정기반

개입의 의사결정에서 전문가의 권위, 선배의 가르침과 응원, 직관과 기존 경험 등을 중요시하는 실천 형태를 보여준다.

시나리오 2.

이신영 사회복지사는 호스피스 병동의 의료사회복지사이다. 이 사회복지사가 근무하는 병동에서는 환자가 원하면 개별 또는 집단 상담을 제공하고 있다. 최근 호스피스 병동에 입소한 환자의 요청으로 그 환자의 불안감을 줄이기 위한 상담을 하게 되었다. 이 사회복지사는 클라이언트의 상황과 그에 적합한 개입방법에 대한 자신의 임상경험을 분석한 결과 충분히 알고 있지 않다고 판단하였다. 다른 전문가에게 상담 의뢰를 고려하는 한편, 클라이언트의 상황에 적절한 개입 계획을 세우기 위하여 전자 학술데이터베이스 검색을 통해 내담자의 상황, 개입의 목적 및 개입 계획에 관한 논문들을 검색하였다. 구체적인 검색 용어는 호스피스, 말기환자, 완화의료, 불안감 감소, 정서적 안정 등이었다. 검색된 논문들의 제목과 초록을 살펴보고 그 중에서 특히 한 편의 논문이 적절하다고 판단하여 논문 전문을 검토하였다. 예후 논문을 적절히 평가하는 방법으로 그 논문을 평가한 결과 개입에 적용가능하다고 판단하였다. 검색에 들어간 시간은 약 30분 정도였다.

의사결정기반

사회복지사는 문제해결 과정에서 근거기반실천의 주요 요소인 과학적인 근거의 적극 활용을 모색하였으며 사회복지실천에 연구결과를 활용하는 중요성을 인지하고 있고 자기 반영(self-reflection)의 시간을 갖고 있다.

두 가지 시나리오에서 의사결정기반과 그 과정이 상이함을 발견할 수 있다. 전자가 일반적으로 사회복지 현장에서 진행되는 실천형태라고 한다면, 후자는 과학적인 근거를 실천현장에 보다 적극적으로 활용하는 진행 과정임을 볼 수 있다. 〈표 1-1〉에서 권위에 기반을 둔 의사결정과 근거기반식의 의사결정을 비교하여 정리하였다. 흔히 근거기반실천은 이 근거 찾기의 방법론적 접근으로 소개되기도 하지만 근거기반실천은 과학적인 근거 찾기와 적용에 대한 접근뿐 아니라, 철학적 · 윤리적 성격을 띠며 클라이언트와 사회복지사가 함께 진행하는 개입과정 전체를 포괄한다(Gambrill, 2006).

〈표 1-1〉 근거기반실천의 의사결정과 권위에 기반을 둔 의사결정의 비교

근거기반식의 의사결정	권위에 기반을 둔 의사결정
클라이언트는 고지된 참여자로 과정에 동참한다.	클라이언트에게 알리지 않거나 제대로 알리지 않는다.
클라이언트가 선호하는 것과 가치기반을 물어보고 그것을 고려한다.	클라이언트의 선호 등은 고려의 대상이 아니다. 전문가는 무엇이 최선인지 알고 있기 때문이다.
분명하게 질문을 만들고, 그에 따라 필요한 근거들을 찾으며, 그것을 비평적으로 분석하고, 그 결과를 클라이언트와 나눈다.	옆에 기술한 과정을 거치지 않는다.
정직한 지식 중개자로서 모르는 것은 모른다고 인정한다.	어떤 경우든 전문가의 권위를 지키는 것이 중요하다.
오류와 실수를 바로 잡고자 한다.	오류나 실수는 그냥 무시한다.
각 실천 방법과 정책을 엄격한 기준으로 평가한다.	전통, 그리고 다수의 의견을 따르는 것이 무난하다. 좋다고 하는 실천 방법과 정책을 그대로 받아들인다.
클라이언트에게 의미 있는 결과를 성과로 내는데 초점을 맞추면서 객관적인 방법으로 그것을 측정하고자 한다.	클라이언트의 진술이나 특정 일화를 바탕으로 진행과정과 결과를 평가한다.

주: 표의 내용은 Gambrill(2012) 논문 5쪽에서 발췌하여 정리하였다. 출처는 다음과 같다. Gambrill, E.(2012). Evidence-informed practice. In Thyer, B. A., Dulmus, C. N., & Sowers, K. M.(Eds.), *Developing evidence-based generalist practice skills*(pp. 1-24). Somerset, NJ: Wiley.

근거기반실천에서는 실천가의 전문적 판단과 실천과정상의 일괄적인 행위들이 다음의 중요한 원리들에 의해 이루어진다. 첫 번째 원칙은 클라이언트의 적극적인 참여에 대한 것이다. 개입영역과 관련된 가능한 모든 연구 결과물들을 클라이언트와 공유하여 클라이언트가 여러 개입방법 중에서 자신의 상황에 적절한 방법을 선택하도록 이끄는 것을 의미한다. 두 번째 원칙은 사회복지실천은 가능한 대로 성과연구 등 실험연구들에 의해 효과성이 검증된 방법들을 이용하여 실천으로 인해 수반되는 결과를 어느 정도 예측할 수 있어야 한다는 것이다. 세 번째 원칙은 실천의 평가를 수행하여 직접적인 사회복지실천의 결과와 효과성을 측정할 수 있어야 한다는 것이다(Cournoyer &

Powers, 2002). 근거기반실천에서는 연구결과를 활용하는 것이 클라이언트를 위한 일상적인 실천이 되어야 하며, 이것이 곧 실천가가 보다 명확하게 의사결정을 하는 방식이라고 강조한다. 근거기반실천의 주창자들은 근거기반실천이야말로 "제대로 된 결정에 이르는 방식을 생각하도록 돕는 것(It is a guide for thinking about how decisions should be made)"(Haynes et al., 2002, p. 2)이라고 단언한다. 이와 같은 실천에 대한 철학이 실질적으로 구현되도록 단계별로 정리한 것을 살펴보자.

4) 근거기반 의사결정의 과정과 단계

근거기반의학의 창시자들은 체계적으로 구성된 다섯 단계를 통해 근거기반의학에 따른 임상의 의사결정을 실천할 수 있다고 하였다. 본 절에서는 근거기반식 의사결정을 사회복지 실천에 맞추어 살펴보고자 한다. 근거기반의학에 비해 아직 근거기반실천에 대한 공감대가 형성되어 있지 않은 사회복지계는 다섯 단계에 처음과 끝 부분에 두 단계를 덧붙인 일곱 단계를 거쳐 근거기반식의 의사결정을 할 것을 권고하는데, 다음과 같은 단계로 구성되어 있다(Gibbs, 2003)[4].

(1) 1단계: 근거기반실천에 대한 동기화

근거기반실천의 출발점은 사회복지사의 동기화로서 실천현장의 사회복지사는 근거기반실천의 유익성과 필요성을 주지하고 있으며 근거기반 사회복지 실천방법을 사용하고자 한다. 이러한 사회복지사의 동기화는 사회복지의 전문적 가치에서 나오는데 예를 들면, "클라이

4) 본 절의 내용은 김유진(2007b)의 논문에서 발췌한 내용을 담고 있다.

언트에게 해를 끼치지 않음(do no harm)", "클라이언트에게 최상의 서비스를 실천함", "전문직으로서 보수교육의 중요성을 인식함" 등을 들 수 있다. 또한 "최선의 사회복지실천을 위한 최선의 근거 활용에 대한 동기"로서 과학적이고 객관적인 근거에 대한 인식이 보편화되어 있지 않은 사회복지실천 현장에서 우선 다루어져야 할 단계이다. 최선의 실천을 행하는 사회복지사는 전문적인 목적과 윤리적 책임완수를 위해 관련영역의 최신 지식과 기술을 개발하고 사용하고자 하며 그 방법을 터득하고 있다. 근거기반실천에 대한 동기화가 되어 있는 사회복지사는 근거기반실천을 사회복지실천을 하는 방법으로 내재화해 있다고 할 수 있다.

(2) 2단계: 사정을 통한 개입 영역의 구체화와 질문의 조작화

사회복지사는 클라이언트와 함께 '생심리사회적 사정(biopsychosocial assessment)'을 하며 그 내용은 다음과 같은 질문을 포함한다. 현 문제 상황에서 클라이언트는 누구인가? 해결해야 하는 문제는 무엇인가? 표적문제와 관련하여 클라이언트를 둘러싼 가족 간, 사회경제적, 환경적인 요소들은 무엇인가?

클라이언트와의 상황사정을 통해 개입하고자 하는 문제영역이 구체화되면 본격적으로 근거기반실천을 위한 질문의 조작화 작업에 들어간다. 일명, '클라이언트와 함께 질문 만들기'라고 명명할 수 있는데 개입문제와 개입방법 및 개입으로 인해 예상되는 결과를 포함하여 되도록 명확하고 구체적이며 답변이 가능한 질문형식으로 조작화하는 것을 말한다. 클라이언트와 함께 조작한 질문은 3단계인 '최선의 근거 찾기'의 바탕이 된다. 근거기반실천에서는 가능한 학술 데이터베이스에서 찾을 수 있는 형태로 질문을 만들 것을 요구한다.

Gibbs(2003)에 의하면 의사결정으로서 근거기반실천을 하는 데에 가장 중요한 것은 제대로 된 질문을 하는 것이다. 제대로 된 질문을 하기 위해서는 소위 '콥스(COPES)' 원칙을 지켜야 한다. 콥스(COPES: client-oriented, practical, evidence-search) 원칙이란 근거기반실천의 질문 만들기 작업이 클라이언트 중심적이고(client-oriented), 실질적이며 (practical), 학술데이터베이스에서 답을 구할 만큼(evidence-search) 구체적인 질문을 해야 한다는 의미이다. 그러기 위해서 사회복지사는 다섯 가지 유형의 실천 질문들과 피코(PICO: patient, intervention, comparison, outcome) 모델에 따른 네 가지 종류의 질문들을 고려하는 것이다(Sackett et al., 1997). 먼저, 다섯 가지 유형의 실천 질문들이란 ① 기술적·묘사적 질문, ② 위험요인에 대한 질문, ③ 사정에 대한 질문, ④ 효과성에 대한 질문, ⑤ 예방에 대한 질문들을 의미한다. 그리고 피코(PICO) 모델에 따른 질문들이란 ① 클라이언트와 그의 문제 상황, ② 어떤 개입을 할 것인지, ③ 다른 대안으로 무엇이 있는지, ④ 개입의 목적은 무엇인지를 고민하는 것이다. 다섯 가지 유형의 실천 질문(〈표 1-2〉 참고)과 피코(PICO) 질문들(〈표 1-3〉 참고)에 대해 정리한 뒤, 이어서 콥스 원칙에 따른 질문 만들기에 들어가는 질문들의 예를 〈표 1-4〉에서 살펴보았다.

예를 들어, 45세 남성 강○○씨는 직장상사로부터 상담을 권유받고 지역사회복지관 상담센터를 찾았다. 그는 5년 전에 만성 우울증이라는 진단을 받은 적이 있으나 그에 대한 적극적인 치료는 없었다. 이 외에도 음주문제로 인해 여러 번 동료나 친구들과 몸싸움을 벌이기도 하였으며 부인과 자녀와의 사이도 원만하지 않다. 우울 증세와 음주문제가 심해지면서 최근 직장생활에서도 부쩍 문젯거리를 만들고 있다. 강○○씨에 대한 개입을 하는 사회복지사는 〈표 1-2〉와 같이

〈표 1-2〉 다섯 가지 유형의 실천 질문들

기술적・묘사적 질문 (descriptive question)	• 만성 우울증의 발병률, 발생률, 발병 시기는 어떠한가? • 어떠한 사회・경제・문화적 요소가 만성 우울증의 발병과 관련이 있는가? • 만성 우울증의 증상이 어떻게 강○○씨의 정서적, 가족 간, 사회적인 기능에 영향을 미치는가? • 음주문제는 언제, 어떻게 시작되었으며 우울증상과 폭력행위 등과 어떠한 관련이 있는가?
위험요인에 대한 질문 (risk question)	• 만성 우울증의 발병과 지속에 영향을 미치는 위험요소들은 무엇인가? • 기존의 연구들을 통해 만성우울증의 발병과 발생 위험률을 낮추는 개별적, 가족 간, 사회적, 환경적 요인들이 밝혀졌는가?
사정에 대한 질문(assessment question)	• 만성 우울증에 대한 진단 기준은 무엇인가? • 강○○씨의 만성 우울증을 진단하는데 되도록 간편하고 정확하며 신뢰성이 있는 진단도구가 있는가? • 누가 진단하는 것이 가장 신뢰할 만한가? (예, 의사, 사회복지사 등) • 강○○씨의 경우 만성 우울증상 외에 대인관계장애나 알코올 의존증에 대한 진단은 어떻게 이루어질 수 있는가?
효과성에 대한 질문(effectiveness question)	• 중년의 만성 우울증 남성에 대한 가장 최선의 개입은 무엇인가? • 강○○씨 같은 문제를 가진 클라이언트에게 개입하는 방법으로서 개별 치료나 집단치료, 또는 그 외 방법에 대한 입증된 효과성이 있는가? 혹 각 치료법의 효과성을 비교한 연구들이 있는가? • 기존의 연구들에서 중년 남성의 우울 증세를 완화하고 알코올문제를 해결하는 데 가장 효과적이라고 입증된 개입방법들은 무엇인가?
예방에 대한 질문(prevention question)	• 강○○씨의 문제가 악화될 가능성이 있는 요소들은 무엇인가? • 특정 개입 후 강○○씨의 증상이 호전되었다고 가정했을 때, 개입 종료 후에 어떠한 개별적, 가족적, 환경적 요소들이 추후에 개입의 효과를 지속하는데 도움이 될 것인가? • 강○○씨의 증상이 완화되고 문제가 호전되는데 가족과 동료들의 도움이 필요하다면 어떠한 방법으로 그들의 도움을 이끌어 낼 수 있는가?(예, 교육, 지지, 상담 등)

〈표 1-3〉 피코(PICO) 임상질문 모델

문제 P	클라이언트와 유사한 사람들의 특성은 무엇인가? 그리고 클라이언트가 처한 상황은 어떤 것인가?
개입 I	실천가는 클라이언트를 돕기 위해 무엇을 해야 하는가? 어떤 종류의 개입을 알아야 하는가?
대안 C	다른 주요 대안들은 무엇이 있는가? 각각의 장단점은 무엇인가?
결과 O	실천가와 클라이언트가 바라는 결과는 무엇인가? 그리고 어떻게 그것을 알 수 있는가?(행동변화 등)

〈표 1-4〉 콥스(COPES) 원칙에 따른 질문 만들기 작업의 예*

다섯 유형 질문	문제	개입	대안	결과
기술적 질문	만약 병원 근무 직원들이 팀의 업무 능력을 걱정할 때	팀 효과성에 대해 예비점검을 하거나	일주일의 시간이 걸리는 학제 간 팀 점검을 받거나	어떤 것이 팀의 업무 능력을 점검하는데 더 믿을 만한가?
위험관련 질문	만약 가정폭력피해자 쉼터에 위기상황으로 전화를 하는 사람이 있다면	전화상으로 위험 사정을 실시하거나	위험 사정을 하지 않거나	위험 사정 도구가 폭력 행위 예측에 더 타당한가?
사정관련 질문	만약 시설 거주 노인이 우울증 또는 치매가 의심되는데 어떤 상태인지 알 수 없을 때	우울 선별 검사를 실시하거나	간이 정신상태 검사를 실시하거나	어떤 검사가 우울과 치매를 구분하는데 더 간단하고, 비용 효과적이며 신뢰할 만한 도구인가?
효과성 질문	만약 시설거주 노인이 시공간 인지기능에 혼란이 있을 때	현실중심 치료를 한다면	또는 인정 요법을 한다면	시공간 인지기능이 향상되는가?
예방적 질문	만약 가출 청소년이 원치 않는 임신 위험에 노출되었을 때	출산과 육아 경험을 맛보게 한다면	또는 설교와 함께 강력한 피임 교육을 실시한다면	미혼모 수가 감소하는가? 피임지식이 증가하는가?

* Gibbs, L. E.(2003). *Evidence-based practice for the helping professions: a practical guide with integrated multimedia*. Pacific Grove: CA: Thomson. 59쪽에서 발췌하여 인용하였음.

다섯 유형의 실천 질문을 염두에 두어야 한다.

(3) 3단계: 최선의 근거 찾기

2번 과정에서 만들어진 질문에 대한 최선의 답을 찾기 위하여 해당 분야의 연구결과들을 탐색한다. 인터넷과 전자도서관의 다양한 검색엔진 및 학술데이터베이스를 이용해 근거 찾기를 할 수 있는데 근거기반실천을 위한 조작된 질문에 최선의 근거들을 찾기 위해서는 적합한 검색용어를 선택해야 한다. 근거기반실천에서는 가능한 한 성과

연구(outcome studies)를 비롯한 실험연구들의 결과에 주목할 것을 요구한다. 가능한 대로 체계적인 평론(systematic review)과 메타연구(meta analysis)를 참고한다.

2단계에서 살펴본 여러 유형의 실천 질문에서 주제어(keyword)를 선택하여 그것을 학술 데이터베이스에 입력하고 관련 자료를 검색한다. 근거기반실천을 위해서는 언제, 그리고 어떤 종류의 정보가 필요하며 그것을 어떻게 얻는지를 아는 정보활용능력과 검색력이 요구된다(Gray, 2001).

클라이언트의 문제해결에 도움이 될 만한 연구결과 등의 근거가 부재하다면 사회복지사는 자신의 임상경험에 비추어 어느 특정 개입방법이 클라이언트 문제해결에 도움이 된다고 판단할 수 있다. 이럴 때 사회복지사는 자신의 판단과정을 클라이언트에게 알리고 특정 접근법을 고려하는 이론적 배경, 자신의 임상경험을 통해 예상되는 개입 결과 등을 나누도록 한다.

(4) 4단계: 근거에 대한 비평적 평가

3단계에서 찾은 근거들의 유용성과 타당성, 영향력, 임상적 적응성 및 연구결과의 위해(risk) 유무와 수준을 비평적으로 평가하는 단계이다. 이때 얻어지는 근거는 치료(또는 치료의 결핍)의 위험성과 혜택에 적절한지에 비추어 그 질을 평가하여야 한다. 근거를 평가하는 목적은 클라이언트의 문제해결에 적용할 최선의 근거를 선택하기 위함이다. 그렇다면 검색된 근거들 중에서 과연 개입 시 선택할 최선의 근거는 무엇인가? 최선의 근거란 해당 사례에 적용하기에 타당하며 그 영향력이 유효하고 임상적 적응성이 다른 근거보다 우위에 있는 근거라고 할 수 있다.

최선의 근거를 선택하는 데에 보다 구체적으로 톰리슨과 제이콥스(Thomlison & Jacobs, 2006)가 제시한 다음 다섯 가지 요소들을 고려하여 연구결과를 비평할 수 있다. 첫째, 연구의 이론적 배경이 제대로 되어 있는가? 둘째, 관련영역을 충분히 포괄하는 문헌연구에 기초한 연구인가? 셋째, 해당실천분야에서 광범위하게 사용되고 있는가? 아니면 시범적인 케이스인가? 넷째, 유해수준에 대한 질문으로 개입을 통한 혜택과 유해 유무의 수준을 따졌을 때 혜택의 효과가 더 높은가? 다섯째, 얼마나 경험주의적인 근거인가에 대한 질문으로 예를 들어 경험주의적인 시각에서 봤을 때 높은 수준의 무작위 통제실험에 의한 연구인지 낮은 수준의 단일사례연구에 의한 결과인지 따져보는 것이다.

이 외에도 근거기반의학에서 구체적인 근거의 평가지침으로 사용되는 Sackett의 논문평가지침[5])도 살펴볼 필요가 있다. 임상위주의 의학연구들에 대한 지침이어서 사회과학연구들에 대한 평가지침으로 사용할 때는 주의가 필요한 지침이다. 그러나 그 중에서, 개입대상의 무작위성과 임상적 결과의 객관적 평가, 통계적 의미와 임상적 의미에 대한 동시 고려, 검정력에 대한 평가, 개입의 현실성 등에 대한 항목은 근거기반사회복지실천에서 유용하게 이용할 수 있다.

---

5) Sackett의 논문평가 지침(김수영 · 최윤선, 1998, 재인용): (1) 개입의 대상이 되는 클라이언트를 무작위로 선정하였는가? (2) 연구가 맹검법(blinded test)을 사용하였는가? (3) 연구 대상자가 최소한 80% 이상 추적 관찰된 것인가? (4) 임상적으로 의미 있는 결과가 객관적으로 평가되었는가? (5) 통계적 의미와 임상적 의미가 모두 고려되었는가? (6) 결과에 차이가 없는 연구라면 검정력이 평가된 것인가? (7) 이 개입이 자신의 진료 환경에서 사용할 수 있는 방법인가?(김유진, 2007, p. 9에서 재인용)

(5) 5단계: 실천에 적용

근거 찾기에 대한 결과물을 자신의 실천에 적용하는 단계로서 근거들이 해당 클라이언트의 상황에 적용하는 것이 적합한지 판단을 요한다. 4단계의 비판적인 과정을 거쳐 최선이라고 판단된 근거를 자신의 임상적 경험과 클라이언트의 선호도와 상황을 고려하여 실천에 적용한다. 개입에 참여하고자 하는 클라이언트의 의지 등도 다시 한번 사정해야 한다. 다섯 번째 단계에서 하는 질문들은 다음과 같다 (Glasziou, Del Mar, & Salisbury, 2003).

- 연구 결과가 내 클라이언트에게 적용할 수 있는가? 그렇다면, 연구의 클라이언트와 내 클라이언트가 비슷한가?
- 이 방법을 내 실천 세팅에서 사용할 수 있는가?(자원은 충분한가?), 그렇지 않다면, 기대하는 결과를 얻기 위해 프로그램 지원을 받을 곳이 있는가?
- 다른 대안은 없는가?
- 서비스를 통해 얻을 혜택이 해보다 큰가?
- 클라이언트는 이 방법에 대해 어떻게 생각하는가? 클라이언트가 받아들일 수 있는가?
- 필요한 정보를 찾지 못한다면, 어떻게 되는가?

〈표 1-5〉는 3~4 단계를 거쳐 나온 근거를 특정 클라이언트와의 개입에 적용할 때 참고할 질문들이다[6].

---

6) Barber, J. G.(2012). Putting evidence-based practice into practice. In C. N. Dulmus & K. M. Sowers(Eds.), *The profession of social work: guided by history, led by evidence*(pp. 191-202). Hoboken, NJ: John Wiley & Sons. p. 197에서 발췌 및 인용하였음.

〈표 1-5〉 근거 적용 시 체크리스트

적용 질문	결정 보조와 프롬프트
문헌에 나온 개입을 실행한 실천가의 특성과 내가 너무 달라서 본 개입을 진행할 수 없는가?	어떤 점이 다른가? 기술적인 면 / 가치적인 면 / 기질적인 면
본 개입방법은 우리 기관에서 실행할 수 있는 것인가?	예상되는 장애물은? 기관의 정책, 윤리, 또는 위임과 관련된 장애 / 비용과 시간 / 기관의 전문성과 기술
클라이언트에게 주어질 혜택 또는 해는 어떤 것들이 예상되는가?	개입 시에 예상되는 혜택과 해를 따져본다면 / 개입을 하지 않을 때 예상되는 혜택 또는 해를 따져본다면
개입방법과 결과에 대해 클라이언트는 어떻게 받아들일 것으로 생각하는가?	클라이언트의 가치체계에 비추어 개입을 고려하도록 도울 것 클라이언트의 수용성 정도
위의 모든 질문들을 고려한 뒤에 본 개입방법을 진행하기로 했다면, 이 개입방법의 수정이 필요한가?	수정이 필요하다면: 수정의 정도 / 수정의 종류

(6) 6단계: 실천에 대한 평가

클라이언트에 대한 실천개입을 평가하는 단계로 실천의 마지막 단계에서만 이루어지는 것이 아닌 지속적인 과정으로 이해해야 한다. 즉, 초기 면접 때부터 개입 후의 사후관리 시기까지 주기적으로 이루어져야 하는 작업으로 평가의 횟수는 개입의 종류와 기간, 그리고 개입의 목적 등에 따라 달라진다. 실천의 평가와 관련해서 근거기반실천에서 강조하는 것은 타당성과 신뢰성, 적합성을 갖춘 측정 도구를 활용하여 실천의 각 과정에 사용하는 것이다. 초기 면접 시에는 클라이언트가 가진 문제영역의 성격과 수준을 측정하고, 개입 과정에서는 클라이언트 상황 진전과 향상 또는 재발과 퇴보 등을 평가 및 측정을 하고, 사후 관리 기간에는 개입효과의 지속과 재발 등에 대해서 측정한다. 이 외에도 정기적으로 클라이언트 그리고 필요하면 가족을 포함한 관련 주변인들에게 개입에 대한 피드백을 구할 수 있다.

(7) 7단계: 교육과 보급

동료 사회복지사들에게 1~6의 단계를 거쳐 사회복지실천을 행함으로써 사회복지의 전문적 · 윤리적 의무 수행의 중요성을 알리는 일이다. 근거기반실천에 대한 교육과 보급을 하는 주된 이유는 근거기반실천을 통한 사회복지실천을 통해 사회복지계의 지식기반을 향상시키고 클라이언트에게 최상의 실천을 전하는 실천기준을 마련하기 위함이다.

뮬렌(Mullen & Streiner, 2004), 그리고 너틀리(Nutley)와 그의 동료들(2009)이 지적한 대로 근거기반실천을 보급하는 데는 두 가지 방식이 있다. 'top-down' 방식은 문자 그대로 '위에서 아래로' 전달되는 것으로 기관장이나 협회, 또는 매뉴얼화된 방식을 통해 어느 정도 의도된 강제성을 띠고 근거기반실천을 알리는 일이다. 그러나 근거기반실천의 방식이 제대로 자리 잡기 위해서는 상향식(bottom-up) 방식으로 접근할 필요가 있다. 즉, 현장의 사회복지사가 먼저 보다 효과적이며 최선의 의사결정을 위해 과학적 근거들을 적합하게 활용하는 것이다. 그리고 실천과정과 성과 등에 대한 공식적인 보고나 발표 등을 통해 보다 효과적이고 최선의 실천을 하는 근거기반실천의 경험을 동료 사회복지사와 관련 종사자들에게 알리는 것이다.

근거기반실천은 전문가의 윤리적 의무를 강조하며 시작되었다. 연구자와 교육자가 정직한 지식의 중개인(broker)으로서 아는 것은 안다고 하고 모르는 것은 모른다고 하는 솔직함이 윤리적 의무의 첫 걸음이라고 보았다. 실천가와 행정가가 자신의 전문적 윤리강령을 준수해야 하는 만큼 연구자와 교육자는 정직한 지식 브로커여야 한다는 것이다. 근거기반실천에서 강조하는 윤리적 의무란 클라이언트를 돕고 조금이라도 해를 끼칠 개입을 하지 않는 것, 그리고 클라이언트를 고지된 참여자로 개입 과정에 참여시키는 것이다. 또한, 근거기반실천은 윤리적 의무와 함께 투명성을 강조하였다. 투명성이란 개입의 근거를 명확히 제시하는 정직함이며, 만약 실천의 의사결정을 하는데 불확실한 점이 있으면 그것을 감추지 않고 인정하는 것이다(Gambrill, 2011).

근거기반 사회복지실천을 수행하기 위해 사회복지사가 갖추어야 할 것이 무엇이 있는지 근거기반 사회복지실천의 일곱 단계를 염두에 두고 정리해 보자. ① 사회복지사는 클라이언트의 문제를 정확하고도 구체적으로 파악할 수 있어야 한다. 구체적이고 답변 가능한 임상적 질문을 만들어 낼 능력을 뜻한다. 그리고 사회복지사는 ② 그 문제 해결을 위해서 필요한 정보를 탐색할 수 있어야 한다. 제기된 질문에 대한 해답을 찾는 탐색을 최단기간 내에 효율적으로 하기 위해서는 그에 합당한 교육과 훈련이 전제되어야 한다. 또한 사회복지사는 ③ 찾아낸 정보를 평가하고 최선의 정보를 가려낼 수 있어야 한다. 일단 찾아낸 정보가 신뢰할 만한 것인지를 가려내려면 비평 기술(critical appraisal skill)이 있어야 한다. 구체적으로 살펴보면, 찾아 낸 논문이 논문으로서의 기본적인 틀을 잘 갖추고 있는지, 연구 설계에 하자는 없는지, 실험방법은 적절한지, 적합한 통계방법을 사용했는지, 결론 및 논의는 합리적인지 등을 조목조목 따지고 비평할 수 있어야 한다. 그리고 ④ 이 정보를 자신의 임상 경험과 통합하여 실제 클라이언트와의 실천에 적절히 적용할 수 있고; ⑤ 그 결과를 평가하는 방법을 알고 있어야 한다.

근거기반실천이 이루어지는 과정과 그것이 가능하기 위한 실천가의 역량은 무엇들이 있는지 정리하였다. 그런데 이것이 그렇게 만만한 작업이 아니다. 근거를 찾고 분석하며 평가하는 작업이 이론적으로는 말이 되지만 이것이 실제적인 것인가는 다른 문제이다. 전자도서관을 자유롭게 이용하는 것이 어려운 실천 환경과 근거를 찾고 분석하는 데 상당한 시간과 기술이 요구되는 점을 볼 때, 근거기반실천은 현장의 실천가가 실행하기에 어려운 기준을 세웠다고 볼 수 있다(Marsh, 2012). 근거의 위계적 질서를 고수하며, 전적으로 전자데이터베이스에 의존하여 자료를 찾는 점은 근거기반실천의 특성이지만, 실천 지혜 등의 근거를 과소평가하며 창의적인 방식을 제한하는 한계가 있다. 또한, 근거를 찾고 적용하는 기술적 테크닉을 강조하면서 의도치 않게 개입 또는 치료의 관계적 속성을 무시하는 점도 지적하지 않을 수 없다(Marsh, 2012). 이와 함께, 근거기반실천 의사결정이 이루어지는 단계에 관한 설명은 마치 몇 개의 간단한 단계를 거치면 근거기반실천식 실행이 가능한 것처럼 그려지고 있다. 그러나 실제 현장에서 개입이 이루어지는 전 과정은 이보다 훨씬 복잡하다(Otto, Polutta, & Zieglar, 2009).

3. 근거기반실천을 둘러싼 논쟁

1) 근거기반실천의 인식론에 관한 논쟁

서구에서는 최선의 과학적 근거에 기반을 둔 실천의 의사결정을 한다는 근거기반실천이 어느새 당연한 실천 방식으로 자리 잡아가고 있다(Gray, Plath, & Webb, 2009). 의학을 비롯한 원조전문직에서 실천 방법의 혁신(Mullen & Streiner, 2004) 또는 패러다임 전환(Stoesz, 2010)으로 불리며 심지어 어느 곳에든 '근거기반'을 붙이면서 'evidence-based everything'인 사회가 되었다고 지적하는 학자도 있을 정도이다(Oakley, 2000, p. 308).

근거기반실천이 강력한 담론으로 기세를 떨치는 현상에 대해 '방법론적 보수주의(methodological conservatism)의 복귀'(Lincoln & Cannella, 2004), '과학주의의 재출현(reemergent scientism)'(Maxwell, 2004), 그리고 '신고전주의적 실험주의(neoclassical experimentalism)의 창궐'(Howe, 2004)이라고 빗대어 비판하는 목소리들이 있다. 이것은 근거기반실천이 세운 근거의 위계 설정 논리가 실증주의적 인식론을 기반으로 한 것이라고 보기 때문이다(Goldenberg, 2006, 2009).

실증주의는 인간의 이성과 합리성을 바탕으로 한 과학적 지식을 추구한다(Hammersley, 1990). 여기서 과학적 지식이란 엄격한 과학적 절차와 방법을 통해 경험적으로 검증될 수 있는 지식으로서 보편적이고, 재현 가능하며, 일반화할 수 있는 지식이다. 프랑스 철학자 콩트(Auguste Comte)의 사상에 영향을 받은 실증주의는 형이상학적인 사고에 반대하며, 경험적으로 주어진 사실만을 인식의 대상을 제한한다. 그것이 자연 세계이든 사회 세계이든 간에 외부에 객관적으로 존재하는 법칙이 존재한다고 믿으며, 인식의 주체는 가치판단을 배제하고 그동안 축적된 경험적 근거를 바탕으로 하여 사실들 간에 성립하는 관계들을 있는 그대로 그 자체로서 설명할 수 있다고 가정하는 것이다.

19세기 후반부터 자연과학의 폭발적인 성장과 함께 인류사에 매우 큰 영향을 미친 실증주의는 자연과학의 실증적 연구 방법이 인간과 사회 현상에 대한 탐구에도 적용될 수 있다고 여겼다. 사회과학 연구도 자연과학 연구와 근본적으로 같은 것이기에 같은 규칙이 적용되어야 한다고 보는 것이다. 19세기부터 학문의 모습을 갖추고, 20세기 들어 성장한 서구의 사회학 · 경제학 · 정치학 · 사회심리학 등이 이와 같은 전제를 받아들였다. 실증주의적 사고를 바탕으로 과학의 발전을 통해 인간과 사회현상에 대한 이해를 넓히고 인류의 삶을 향상시키는 것뿐 아니라, 이를 통해 부정적인 사회현상에 대한 통제도 가능하다고 보았다(Editorial, 2010). 사회과학도 자연과학처럼 '과학적' 기준을 높여야 한다는 무언의 분위기 속에, 1960년대 엄격한 행동주의적 방법론이 크게 성장하게 되었고, 공공의료서비스나 교육 등에 사회적 개입의 효과성을 살펴보는 방법으로 양적인 데이터 구축 및 실험연구를 통해 보다 과학적인 지식을 구축하고자 하였다(Editorial, 2010).

이와 같은 분위기 속에서 실증주의적인 인식론에 따른 과학적인 지식은 합법적인 지식이 되고 그렇지 않은 지식과의 격차는 점점 벌어지게 된다. 합법적인 지식은 곧 정치사회적으로 가치 있는 지식이 되며 그런 지식을 생산하는 측과 그렇지 않은 측 간의 위상도 차이가 난다.

엄격한 연구방법과 관찰자의 편견을 통제하려는 노력을 통해 물리적 세계를 객관적으로 이해할 수 있다는 사고체계를 인간과 사회를 이해하는 데 적용하는 것은 예상보다 훨씬 말이 안 되는 일이다(McNeil, 2006). 구성주의적 패러다임에 의하면 인간은 누구나 각자의 고유한 방식으로 세상을 바라보며, 인간이 살고 있는 세계는 상황 의존적이며 상대주의적이다. 포스트 모더니즘적 가정을 반영하여 보면, 세상에 객관적인 지식이란 존재하지 않는다. 모든 지식은 역사적·문화적·정치적인 영향을 받으며, 자신의 경험과 사고체계에 따라 지식을 받아들이는 것이 다를 수 있다. 이것이 의미의 존재인(meaning-making) 인간의 경험이고 그것을 다루는 것이 의학적 개입이든 사회서비스 개입이든 원조 전문직이 하는 일이다.

실증주의적 사고의 한계에 대한 수많은 비판에도 불구하고, 무엇보다 인간과 사회를 이해하는 것이 '과학적 근거'로만 가능한 것이 아님이 너무나 명백한 데도 불구하고, 지식 탐구와 활용에 영향을 미치는 주관적 요소들을 간단히 무시하는 것 같은 근거기반실천의 방법론적 기준에 대해 실소를 금치 못하는 학자들이 있다(예, Gray et al., 2009; Stronach, Piper, & Piper, 2004; Webb, 2001). 근거기반실천이 과학계에 전파되고 확산되는 시기가 양적 방법론과 질적 방법론 캠프 간에 벌어진 인식론적 전쟁의 치열했었던 열기가 잠시 가라앉고, '앎에는 다양한 방법이 있다(many ways of knowing, Hartman, 1984)'를 받아들인 시기와 비슷한 것이 역설적이라고 꼬집었다[7](Drisko & Grady, 2013).

많은 서구 지식인들, 특히 유럽계 학자들은 근거기반실천의 확산을 인식론 전쟁의 부활이라고 여긴다. 실증주의적 과학화를 기본 철학적 정신으로 삼는 근거기반실천이 실천을 위한 과학적 방법론에 대한 것만이 아니라 진실과 지식, 그리고 사실과 가치판단의 본질 및 역할에 관한 철학적 논쟁을 불러일으키기 때문이다. 즉, 실재의 본질은 무엇이며 그것을 어떻게 가장 잘 탐구할 것인지에 관한 논쟁은 존재론과 인식론의 가정 속에서 진행될 수밖에 없기 때문이다. 나아가 좀 더 실질적인 측면에서는 이러한 논의가 사회복지를 비롯한 원조 전문직의 사회적 위상, 합법성, 그리고 자주성 및 권위와 관련된 사회정치적인 이슈들을 제기하기 때문이다(Gray, Plath, & Webb, 2009).

포스트모던 관점의 학자들이 근거기반실천의 담론을 해체하며 그러한 주장을 구체적으로 펼친다. 푸코(Michel Foucault)식 표현에 따르면 근거기반실천은 21세기 지식의 조직화와 제도화, 그리고 '진실의

7) 2장 2절에서 이에 대한 구체적인 내용을 다루고 있다.

체제(regime of truth)'를 주도하며 파시스트적 구조로 작동하고 있다. 따라서 그것이 구축한 권력 체제를 해체해야 한다는 것이다(Holmes, Murray, Perron, & Rail, 2006a; Humphries, 2003; Lord & Judice, 2012; Winch, Creedy, & Chaboyer, 2002). 포스트모던 사상가인 질 들뢰즈(Gilles Deleuze)와 펠릭스 과타리(Felix Guattari)의 사상을 따르는 학자들에 따르면 근거기반실천이 학계에서 당연시 되며, 지식 발전 그 자체인양 받아들여지면서 보건의료계의 지배적 이데올로기가 되었다. 현대과학의 파시즘적 형태를 보이며 과학적 지식에 대해 위험할 정도로 독점적이고 규범적이어서 특정 형태의 연구를 장려하며 그 외 다양한 방법들은 배제한다. 예를 들어, 코크런 데이터베이스에서 취급하는 지식의 종류는 무작위실험설계에 의한 결과로 한정한다. 전체의 98%에 해당하는 다른 설계의 연구 결과들은 과학적으로 불완전하다고 간주되며 제외하였다. 근거기반실천을 장려하는 국제적 협회들과 정부 연구기관에서도 무작위실험설계를 황금률(golden standard)의 연구방법이라고 공식적으로 발표하였다. 공식적으로 다른 유형의 지식은 근거의 하위에 있는 것으로 격하되고, 비공식적으로는 무시되거나 폄하되고 있다. 다양한 관점과 실천 지혜를 바탕으로 지식을 구축해 온 그동안의 지식발전의 역사가 환원주의적인 근거기반실천 운동에 위협받고 있는 것이다. 근거기반실천의 위계적 근거 체계는 개입 지식을 단순화시키며, 지식의 산출과정뿐 아니라 지식의 소비에도 간섭하고 있다(Donaldson, Christie, & Mark, 2009; Holmes, Perron, & O'Byrne, 2006b).

나아가 역시 '통치성(governmentality)' 개념에서 미셸 푸코가 설명했듯이 근거기반실천은 어느새 원조 전문직의 업무를 통제하는 수단이 되었다고 한다. 정부는 의료, 간호, 사회복지 지식을 규제할 뿐 아니라 실천가들이 하는 일을 객관적이고 반복적인 기술로부터 나온 지식을 적용하는 합리적-기계적 수준의 활동에 불과한 것이라 여기게 한다. 한편, 원조 전문직의 위상을 근거기반식으로 하는 전문직과 그렇지 않은 전문직으로 구분하는 시각도 만들어진다. 예를 들어 사회복지는 다른 전문직보다 근거기반실천을 받아들이는 데 소극적이며 그에 따라 전문성을 의심받고 있다(Bodgan-Lovis, 2006). 또한, 제도적·경제적 장치(예, 관료주의, 성과주의, 정부재정 보조, 연구 기금) 등을 통해 전문직의 업무를 사회적으로 통제하고 규제하는 것이다(Winch, Creedy,& Chaboyer, 2002). 근거기반실천이 치료적 효과성과 임상적 책무성을 보여주는 방법일 수 있지만, 벌써 정부뿐 아니라 민간 영역에서도 '지식의 헤게모니(hegemony of knowledge, Foucault, 1980)'의 칼을 들이대는 것은 심각한 문제이다. 예를 들어, 보험회사가 임상 실천의 표준적 기준을 세우고 거기에 맞추어 진료를 해야 보험료를 지급하는 관료주의적 시장에서는 실천가들로 하여금 책무성을 입증하기 위해 근거기반식으로 검증된 개입방법을 수행하도록 한다(Lord & Judice, 2012).

근거기반실천이 새롭게 부활한 실증주의 인식론의 수제자이자 과학의 탈을 쓴 트로이의 목마[8]라는 비판에 대해 대응하는 쪽의 주장은 덤덤하며 구체적이지 않다. 근거기반실천을 인식론적 차원에서 비판하는 학자들이 거의 유럽 대륙의 학자들이라면, 그러한 비판에 자신의 의견을 제시한 학자들은 북미 대륙의 학자들이다. 대륙 간의 학문 풍토가 다른 점에 기인한 것이 아닌가 하는 생각이 든다. 실용주의적 시각의 북미 학자들에 의하면, 근거기반실천은 이데올로기와 무

8) 트로이 전쟁 신화에서 트로이 몰락의 계기가 된 목마에 비유를 들어 근거기반실천을 좋은 것으로 알고 받아들였는데 기대와 달리 치명적인 문제를 일으킨다는 의미로 표현한 것임.

관하며 어떠한 정치적 입장에서도 자유롭고, 다만 더 나은 실천을 위한 과학적 방법론이다. 이들은 철학적 기반에 가해진 그 많은 비평들에도 불구하고 근거기반실천은 계속 발전할 것으로 본다. 따라서 근거기반실천의 결점을 이론적인 것에서 찾기보다는 실제적인 면을 보강해서 근거기반실천의 발전에 도움이 되도록 해야 한다고 말한다(Shlonsky & Ballan, 2012). 구미 사회복지 학자이자 열렬한 행동주의자로 알려진 갬브릴(Gambrill, 2006)은 인식론 비판자들이 과학을 제대로 이해하지 못하고 과학과 실증주의를 혼동해서 그런 비판을 한다고 반박하였다. 갬브릴은 과학철학자인 파퍼(Karl Popper)를 인용하며 과학에서 추구하는 객관성은 이론과 주장을 비평적으로 이해하며 그 주장의 정확성을 평가하려는 것이고, 이러한 합리적 비평 정신이야말로 과학의 정수라고 말한다. 근거기반실천의 중심 생각도 그와 같다고 하면서, "만약 근거기반실천이 실증주의적 인식론에 기반을 둔 것이라면, 실증주의적 사고방식이 폐기됐듯이 근거기반실천도 곧 없어질 것이다(p. 42)"라고 덧붙였다.

이런 두리뭉실한 반응 때문인지 근거기반실천의 인식론 쟁점은 방법론적인 면에 편중되어 있다. 근거기반실천에서 말하는 '최선의 근거'에 대한 논의를 하면서 양적 연구방법과 질적 연구방법 간의 방법론적 논쟁을 반복하는 것이다. 루빈과 패리쉬(Rubin & Parrish, 2012)는 주관적 탐구(subjective inquiry)를 강조하는 질적 연구방법의 본질 때문에, 실증주의 쪽과 객관성 추구에 이의를 제기하는 쪽 간의 인식론적 다툼이 양적 방법론과 질적 방법론 간의 전쟁으로 잘못 번졌으며, 학자들에게 은연중에 퍼져 있는 오해9)도 이런 현상을 가중시키고 있다

9) 세상에는 두 종류의 연구자만 있다고 오해한다는 의미이다. 두 종류의 연구자란 '양적 연구를 하는 실증주의자'와 '질적 연구를 하는 반실증주의자'이다.

고 설명하였다.

2) 근거란 무엇인가에 대한 논의

근거기반실천에서 말하는 최선의 근거란 무엇인가에 대한 논의가 분분하다. 에그로드와 핸슨(Egerod & Hansen, 2005)이 지적한 것처럼 근거란 단어는 모호하다. 때로는 조사연구 결과를 지칭하며 때로는 실천 경험 등을 지칭하기도 한다. 따라서 근거의 속성, 근거의 종류 및 근거의 적용 등에 대해 생각하는 것이 필요하다(Guyatt & Rennie, 2002; Kitson, 2004). 다시 말해 근거란 무엇인가에 대한 보다 균형 잡힌 시각이 필요하다.

근거기반실천이 가치 있게 보는 근거는 통제실험 결과라고 봐도 무방하다(Julian & Proykov, 2012). 개입의 결과를 보여주는 성과근거들, 그리고 성과연구들에 대한 메타연구(meta analysis)와 체계적인 평론(systematic review)으로서 앞의 〈그림 1-2〉에서 본 것처럼 근거의 위계질서에 따라 피라미드 상위에 위치한다. 이들은 일반화 가능성, 측정가능성, 통제 가능한 인과적 관계, 과학적 회의(skepticism), 경험적 실증, 관찰방법의 신뢰성과 반복 가능한 재생성(replication) 등의 조건을 만족하며, 타당성과 효과성, 그리고 임상적 적용성에서 우위를 보이는 근거들이라고 한다(McNeece & Thyer, 2004; Sackettet al., 1997). 반면 근거기반실천에서는 질적 연구결과 또는 개별 임상가의 의견 등은 낮은 수준의 근거라 규정된다.

앞의 인식론적 논쟁에서 살펴봤듯이 근거에 관한 논쟁이 많은 이유는 위계 체계 때문이다. 근거기반실천의 옹호자들은 이러한 비판이 다음과 같은 두 가지 오해에서 비롯되었다고 본다. 위계질서를 반대하는 입장이 잘못된 정보를 가지고 오해한다고 보는 것이다. 왜냐하면 근거기반실천에서는 무작위실험설계가 모든 상황에서 항상 최선의 근거라고 말한 적이 없으며, 모든 종류의 지식을 동일하게 신뢰할 수 있고 어느 출처에서 나왔든지 모든 근거를 동일하게 신뢰할 수 있다면, '근거기반'의 의미를 어디서도 찾을 수 없기 때문이다(Rubin & Parrish, 2012). 그렇지만, 근거기반실천의 개념을 정리한 대부분의 논문과 서적은 근거의 위계를 설정한 이유를 충분히 설명하지 않고 엄격한 실험설계 디자인에서 나온 근거를 최고의 근거 자격을 갖춘 황금률이라는 식으로 강조하여 전달하고 있다.

그렇다면, 근거기반실천에서는 애초에 왜 근거의 위계를 생각하게 되었을까? 보건의료 결정에 활용할 근거의 수준이 의심되는 경우가 많아서였다고 설명하는 수도 있다. 예를 들어 알트만(Altman, 2002)의 연구에 의하면, 상당수의 연구 논문이 방법론적으로 허술하면서 내용도 선택적으로 괜찮은 결과만 보고하며, 뚜렷한 과학적 근거 없이 결론을 도출하는 등의 문제가 있다는 것이다. 따라서 근거기반실천 창안자와 옹호자들은 연구 방법론상의 질을 강조하면서, 더욱 엄격한 연구방법을 주장하고 방법론상의 질을 따지게 되었다(Evans, 2003). 그렇지만, 이와 같은 설명보다는 근거기반실천의 특성에서 그 답을 찾아야 한다고 본다. 앞에서 근거기반실천의 '질문 만들기'에서 살펴본 것처럼, 근거기반실천은 '무엇이 효과적인가?'에 초점을 맞추고 있다고 봐도 무방하다. 근거의 순위는 인과관계를 보여주는 결과, 즉 개입의 효과를 얼마나 정확하게 예측하는지의 정도에 따라 피라미드상의 위치가 정해지게 된다. 근거의 위계 체계는 강한 내적 타당성을 보이는 결과, 또는 원인과 결과에 대한 주장을 펼칠 결과를 신장시키는 것이 목적이다. 위계적인 근거체계에 의해 근거를 선택하는 것이

한정된 자원 속에서 개입의 효과성을 증명하기에 타당하기 때문이다(Drisko & Grady, 2013). 그런데 무작위실험설계연구 결과는 실험 세팅에서의 인과관계를 보여주는 것이지, 실험실 밖의 상황에서도 동일하게 효과성을 보일 것이라고는 기대할 수 없다. 개입으로 인한 변화를 인과관계로 설명하는 것도 쉬운 일이 아니다. 어떤 상황에서, 왜, 어떻게, 개입으로 효과가 나타나는가를 설명하는 것이 필요한데 위계적인 근거체계의 상위에 있는 근거들은 이런 질문에 답하지 못한다(Otto, Polutta, & Ziegler, 2009). 이러한 한계에도 불구하고 결국 자원 제공처의 입장에서 중요한 질문은 효율성과 효과성을 보여주는 것이기에 황금률 근거를 선호하는 것이라면(Chelimsky, 2007; Glasgow & Emmons, 2007; Green, 2001), 근거기반실천의 주요 질문인 '무엇이 효과적인가?'라는 질문은 매우 정치적이고 가치 판단적일 수밖에 없을 것이다.

근거는 '증명(proof)'이라기보다는 '짐작(inking)'의 의미에 가깝다(Greene, 2009; Morago, 2006). 근거를 특정 개입, 또는 클라이언트의 문제에 정확한 답을 주는 것으로 보거나 확신에 찬 답을 주는 것으로 보기보다는 클라이언트의 상황에 비추어 근거를 참고해 보는 것이어야 한다. 근거는 의사결정상의 보조 역할을 할 뿐이지 그것이 최종 판결을 내리는 식으로 여겨지면 곤란하다(Shlonsky & Ballan, 2012). 어떤 방법론을 통해 도출된 지식이라도 그것이 영구불변의 진실도 아니고 언제, 어디서나, 누구에게나 적용할 보편적인 진리라고 볼 수 없기 때문이다(Donaldson, Christie, & Mark, 2009). 어떤 학문 분야의 어떤 형태의 근거든 지식은 계속해서 업데이트되고, 그 의미 또한 고정적이라기보다 상황에 따라 여러 의미를 지닌다. 또한 근거는 새로운 연구 결과가 나오면서 확인되거나 수정되거나 폐기될 수도 있다. 실천을 위한 최선의 근거는 계속 변하고 발전하는 것으로 이해해야 한다(Little, 2012). 근거기반실천에서 근거란 무엇인가를 이해하기에 앞서 다음과 같은 중요한 질문을 해야 한다. 즉, 무엇이 최선의 근거인가를 따지기 전에 근거를 구성하는 것은 무엇인가? 누가 근거의 품질을 정하는가? 누구의 입장에서 최선의 근거인가? 어떤 목적으로 근거가 필요하며 어떻게 그것을 활용하려고 하는가에 대한 질문이 필요하다(Gray & McDonald, 2006; Kessl, 2009; Nothdurfter & Lorenz, 2010; Otto, Polutta &Ziegler, 2009; Webb, 2001). 그리고 근거의 속성뿐 아니라 근거가 어떻게 이용될 것인가에 대한 맥락과 규칙들, 즉 근거를 의사결정에 사용할 때 지켜야 할 것들을 정하는 것이 필요하다(Schwandt, 2009).

무엇보다 명심할 것은 피라미드의 꼭대기에 있는 근거가 항상 최선의 근거가 아니라는 점이다. 근거 활용 목적에 따라 최선의 근거 위치는 달라진다. 어떤 특정 연구방법이 우세하다고 여기는 것이 아니라 연구 질문에 따라 적합한 연구방법을 선택하듯이, 최선의 근거에 대해서도 그렇게 생각해야 한다. 예를 들어 개입의 효과성을 증명하는 목적으로 근거를 활용할 때는 무작위 비교실험연구 또는 메타연구가 적합하다. 반면, 취약 계층의 역량강화를 위한 근거를 찾을 때는 참여행동 연구에 의한 연구결과를 참고하는 것이 더 적합하다. 만약 개입에 관한 경험과 의미를 알고 싶거나, 개입이 효과적이지 않을 때 어떠한 변화가 필요한지 알고 싶다면, 질적 연구의 결과가 피라미드 상위에 위치하고, 실험설계연구는 바닥에 위치할 것이다(Rubin & Babbie, 2005; Rubin & Parrish, 2012; Soydan, 2006). 즉, 실천에서 활용하는 근거란 충분한 인식론에 대한 이해를 바탕으로 이루어진 양적·질적 연구의 결과물, 실천가의 임상경험에 의한 지혜, 클라이언트를 비롯한 이해당사자들의 의견 등이 기본적으로 포함되어야 한다(공계순·서인해, 2006; Bennett et al., 2003; Gilgun, 2005; Rycroft-Malone et al., 2004; Springer, 2006).

4. 세 가지 측면에서 살펴본 근거기반실천의 실체

맥매스터 그룹팀이 근거기반의학 모델을 만든 원래 의도는 대규모 역학 연구에 기초한 무작위 대조군 실험 결과를 임상 진료에 활용하는 것이었다. 그러한 연구결과가 개별 환자에 대한 사례 보고나 임상의의 경험보다 더 과학적이고 타당한 근거라고 여겼기 때문이다. 그에 대한 비평적 의견 또는 비난에 가까운 견해들이 있음에도 불구하고 근거기반실천은 21세기 현재 서구 보건의료 및 사회복지계의 중심 담론으로 자리 잡았다. 근거기반실천을 다룬 논문과 교재는 대부분 근거기반실천이 실천가들로 하여금 보다 유능하게 일을 하도록 하며, 해가 되거나 비효과적인 개입을 지양하도록 하는 효과적인 의사결정 방식이라고 이야기한다. 근거기반실천의 유용성과 필요성을 역설하는 것이다(김유진, 2007a, 2008). 하지만 단순하게 효과적인 의사결정을 돕는 차원이 아니라 근거기반실천이 훨씬 복잡하고 지대한 영향을 끼치는 현상에 주목할 필요가 있다. 개별 실천가가 실천에 과학적 근거를 적용하는지 안 하는지, 어떻게 근거를 찾고, 의사결정에 사용하는지에 관한 것만을 얘기하는 게 아니라는 것이다. 이것을 단순히 의사결정에 관한 것만으로 이해한다면, 근거기반실천이 이토록 급속한 속도로 서구 보건의학 및 사회복지계를 뒤흔들고 있는 맥락을 놓치게 된다.

근거기반실천은 일시적 유행에 그치지 않고, 비용 대비 효과적인 서비스를 원하는 정부를 비롯한 자원제공처의 요구에 대한 반응으로 성장하면서 여러 가지 사회적 변화를 가져오고 있다. 그런 점에서 근거기반실천은 '공공의 아이디어(public idea)'이자 '사회적 운동 또는 사회적 움직임(social movement)'이 되었다고 봐야 한다(Briggs & McBeath, 2009; Drisk & Grady, 2013). 이 운동은 널리 퍼져 나가는 만큼 그 의미와 적용에도 많은 혼동을 가져오고 있다. 겉보기에 과학적 실천을 추구하는 '좋은' 것으로 보이지만 근거기반실천 창안자의 원래 의도 여부와 상관없이 여러 가지 논쟁의 소지를 불러일으키며 발전 중에 있다. 예를 들어, 근거의 채택 순위를 정한 위계 체계 등을 만든 작업은 연구비 지원을 받는 연구 유형과 그렇지 않은 연구 디자인을 구분하고, 사회복지 프로그램 사업비를 신청할 수 있는 개입방법과 안 되는 것을 정하며, 개입방법을 표준화하게 하면서, 보건의료와 사회서비스 환경을 바꾸어 놓는 중이다.

근거기반실천의 창시자들은 자기네들이 불러온 많은 변화들에 대해 어떻게 인식하는지 별다른 언급이 없다. 품질 보증과 성과 관리, 그리고 비용절감에 강박적인 자본주의 사회의 특성과 근거기반실천의 독점적인 특성이 만나 그들이 생각한 원래의 목적과는 다르게 근거기반실천의 정신이 오용되는 것으로 볼지도 모른다. 근거기반실천의 창안자들이 어떻게 보든 점점 더 많은 곳에서 근거기반실천은 공공의료 및 원조 서비스의 품질 관리 및 표준화를 위한 작업의 일부가 되었다고 보고 있다(Gray et al., 2009; Timmermans & Berg, 2003; Drisko & Grady, 2013). 비용은 줄이면서 서비스 질은 유지 또는 향상하려는 노력들이 손에 손을 잡은 식으로 나타난 것이 근거기반실천의 실체이다. 따라서 근거기반실천이 원조 전문직의 개입이 행해지는 방식을 구체적으로 어떻게 변화시키는지 맥락을 살펴보는 것이 필요하다. 아래와 같이 세 가지 관점에서 근거기반실천의 실체를 이해하고자 한다.

1) 의사결정으로서의 근거기반실천이 가져온 변화

앞에서 살펴봤듯이 근거기반실천이 등장한 애초의 목적으로 사용되는 경우이다. 앞의 2절 근거기반실천의 과정과 단계에서 살펴본 것처럼, 개별 실천가가 특정 클라이언트의 문제 해결을 위해 질문을 만들고, 근거를 찾아 평가하고, 적용 가능한 근거를 클라이언트, 기관, 그리고 정책적 상황에 맞추어 적용하는 과정에 대한 것이다. 임상 실천은 전통이나 전문가 견해, 실천 지혜 등이 아닌 엄격한 경험적 지식에 기반을 둘 때 더 나은 결과를 가져온다는 가정을 바탕으로 한다. 그러나 대규모 역학 연구에 기초한 무작위 대조군 실험 결과를 따르는 것이 윤리적 실천처럼 되다 보니 개별 클라이언트의 특별한 욕구를 챙기기 어려운 상황이 생기기도 한다(Bodgan-Lovis, 2006). 무엇보다 아직 적어도 사회복지 임상 분야에서 근거기반식의 의사결정을 거친 실천이 기존의 실천방법보다 더 효과적이었다는 근거는 아직 보고되지 않고 있다(Bergmark, Bergmark, & Lundstrom, 2012). 실천의 의사결정 과정에 근거를 활용하는 것이 좋은 일이라고 동의하지만, 여전히 분명하지 않은 것은 이런 과정이 정말 더 비용 대비 효율적이며 클라이언트에게 더 효과적인 변화를 가져오는지를 연구하기란 쉽지 않다(Driskco & Grady, 2013). 다만, 클라이언트는 근거기반식 의사결정을 거친 프로그램에 그렇지 않은 프로그램보다 더 큰 만족을 보였다는 연구 결과가 있다. 클라이언트들이 만족한 이유는 근거기반실천을 하는 서비스 제공자가 더 많은 지식이 있다고 보며, 클라이언트

의사를 더 존중한다고 느꼈기 때문이다(Jung, 2011).

근거기반실천을 하는 전문가는 역시 앞에서 살펴본 것 같이 자기 분야의 전문지식과 임상 훈련을 기본으로 갖추고, 정보 검색력, 조사 방법 지식과 기술, 근거 해석력과 함께 근거 적용 능력을 갖출 것을 요구받는다. 이것이 가능하기 위해서는 학교의 교육 과정과 보수 교육을 통해 기술을 습득하고 훈련할 필요가 생긴다. 기존 교과과정에서 이와 같은 기술을 충분히 다루지 않기 때문에 새로운 커리큘럼 개발과 교육 방식의 변화를 촉구하게 된다. 3장에서 이것의 내용을 살펴볼 것이다.

서구 근거기반실천 관련 문헌에서는 실천의 의사결정에 관한 것을 근거기반실천이 동사(verb)형으로 쓰인다고 한다. 'Evidence-based practice'라는 용어 가운데 'practice'를 '실천하다'라는 동사로 쓰이는 것으로 구분해서 이야기하는 것이다. 우리나라 사회복지학계에서 근거기반실천을 다룬 논문들은 거의 모두 근거기반실천의 동사형 내용에 관한 것이다[10]. 의사결정의 과정을 의미하는 것을 우리말로 풀어쓰자면 '근거기반식으로 실천하다'가 더 정확한 풀이가 되겠다. 그런데 알다시피 'practice'라는 단어는 명사(noun)로도 쓰인다. 그것에 대해 아래에서 살펴볼 것이다.

2) 효과성 및 비용 절감 차원에서 거론되는 근거기반실천

원래 근거기반실천 창시자들이 의도한 대로 실천의 의사결정을 하

10) 우리나라 사회복지학계에 근거기반실천을 다룬 논문은 총 열 편이다(2013년 8월 기준). 저자에 따라 'evidence-based practice'를 '근거중심실천', '근거기반실천', '증거기반실천' 등으로 다양하게 번역하여 사용하였다.

는 것이 고도의 기술과 시간을 요구하는 만큼 원래 의도와는 다르게 '근거기반실천가(evidence-based practitioners)'가 아닌 '근거 이용자(evidence-users)'에 대한 이야기가 나오게 되었다(Guyatt et al., 2000). 업무과다인 임상의, 간호사, 또는 사회복지사가 매번 환자 또는 클라이언트의 상황에 개입할 때마다 '근거기반식 실천(동사형)'을 하는 것은 무리이기 때문이다. 따라서 실천가들이 '재평가된 소스들(reappraised sources)'(Guyatt et al., 2000, p. 955)을 이용하면서 그나마 최선의 근거를 실천에 적용하게 하는 것이다. 예를 들면, 캠벨연합(Campbell Collaboration)이 만든 체계적 고찰-근거 위계의 꼭대기에 위치한-을 실천에 적극 참고할 것을 권고한다(Proctor, 2004). 근거의 질을 비평적으로 의심하는 것을 굉장히 강조하며, 개별 실천가의 근거 분석력과 판단력을 갖추도록 한 원래 의도를 생각하면, 다른 이들이 평가한 근거를 사용하라는 것은 아이러니가 아닐 수 없다. '근거 이용자'에 머물지라도 근거기반 실천가라면 개별적인 평가 작업을 수행할 수 있어야 한다고 주장하지만(Guyatt et al., 2000; Mullen et al., 2004), 그것보다는 코크런이나 캠벨연합에서 내놓은 체계적 고찰을 이용하는 것의 중요성이 점점 더 커지고 있다. 체계적 고찰에 대해서는 3장에서 살펴볼 것이다.

서구 실천 현장의 분위기는 실천가들이 되도록 검증된 개입(validated intervention), 즉 근거의 질이 담보된 특정 개입을 선택하도록 하고 있다. 클라이언트에게 서비스를 제공할 때 실천가와 클라이언트가 개입방법을 자유롭게 그리고 여러 상황을 고려하여 정하는 것이 아니다. 매니지드 케어와 자원 제공처가 효과적이라고 판명한 개입방법 중에서 정해야 한다. 예를 들면 지역사회 정신보건센터에서 약물중독 문제가 재발한 저소득 빈곤층 여성에게 상담 서비스를 제공하는 경우가 있다고 생각해보자. 저소득 빈곤층을 위한 사회적 보험인 매니지드 케어는 약물중독 클라이언트에게 제공할 서비스의 목록을 시스템화해서 가지고 있다. 관리의료가 정해 놓은 실천 지침을 따르는 실천가는 과잉 개입이나 파행 개입을 하지 않는다는 가정을 전제로 하고 있다(Bodgan-Lovis, 2006). 대개 캠벨연합 등에서 진행한 체계적 고찰 등을 바탕으로 하며, 주로 단기적이며 인지행동주의적인, 그래서 측정가능하고 비용 대비 효과적인 개입 목록들 중에서 방법을 정하게 해 놓았다. 그렇지 않으면, 매니지드 케어로부터 비용 상환을 받지 못한다. 이와 같은 현실에 대해 상담 목적 달성에 방해가 될 뿐 전혀 도움이 되는 방식의 서비스 제공이 아니라고 말하는 등 실천가들의 불만이 팽배하다(Arnd-Caddigan & Pozzuto, 2010).

이와 같은 경우가 근거기반실천(evidence-based practice)의 '실천(practice)'이 명사형으로 사용되는 경우로서 과학적으로 테스트되고 증명된 프로그램이나 개입방법을 의미한다(Proctor, 2007; Regehr et al., 2007). '실증적 연구에 의해 검증된 치료(empirically based practice)[11]'와 거의 비슷한 의미로 사용되는 경우이다. 명사로 사용되는 경우 복수의 개입을 언급할 때에는 'evidence-based practices'라고 사용한다. 우리말로 '효과적이라고 검증된 근거기반실천방법들'로 번역되는데, 이것은 객관적인 정보를 제공하면서도 비용 절감과 서비스 질 향상이 가능하다고 믿는 관료주의 케어(managed care) 입장에서는 매력적인 방법일 것이다(Bodgan-Lovis, 2006). 정책가들은 실천가들이 확실히 인정된(established) 근거기반실천방법을 적용하도록 권고하고 있다(Drisko & Grady, 2013). 예를 들어, 미국의 물질남용 및 정신건강 서비스국

11) 2장 2절에서 구체적으로 살펴볼 것이다.

(Substance Abuse and Mental Health Services Administration, SAMHSA)에서는 2002년부터 노인 정신건강 향상(Older Adults Mental Health Targeted Capacity Expansion, OATCE) 프로그램을 통해 효과적으로 검증된 개입방법을 표준으로 하고 이것을 따르는 기관에게 보조금을 제공하고 있다.

이에 대한 실천 현장의 반발이 거세다. 정부와 관리의 도구로 이용되면서 '요리책'에 따라 실천하게 되므로 임상적 자율성이 제한된다는 것이 그 이유이다(Armstrong, 2002; Groopman, 2010; Hampton, 2002). 전문가의 임상적 판단력의 기반을 약화시키면서 실천 지침이나 매뉴얼을 기계적으로 적용하는 수준으로 전락시킨다고 보기 때문이다. 무엇보다 인센티브 제공 또는 반대로 제재를 가하는 방식으로 근거기반실천을 강요하는 것은 윤리적 실천면에서도 논란의 여지가 있다(Gambrill, 2006). 이런 권위적이고 규정적이며 처방적인 실천 모델에서는 클라이언트의 개별적인 속성을 존중하는 식의 개입이나 다양한 욕구를 가진 클라이언트와의 개입은 생각하기 어렵기 때문이다(Shlonsky & Ballan, 2012). 효과적인 개입으로 단기적 치료 개입을 권유하는 것은 문제의 원인을 개별 클라이언트에게서 찾는 것이고 사회체계 내에 뿌리 깊게 자리 잡은 복잡한 문제들을 지나치게 단순화 시키는 것이다(Petr & Walter, 2009). 근거기반실천이 효과성의 표준화 작업처럼 여겨지면서 근거기반실천대로 해야 질이 보장된다는 생각을 갖게 하는 것도 문제이다.

이에 따라 근거기반실천은 전문직의 책무성 때문만이 아니라 신자유주의의 상황 안에서 이해되어야 한다는 의견이 제기된다(Gray & McDonald, 2006). 근거기반실천 방식이 자원 할당, 비용 절감, 전문가가 하는 일을 조정, 통제하는 도구로 사용되고 있다고 보는 것이다.

관리주의적 아젠다에 의해 근거기반실천 실행에서 근거기반실천을 둘러싼 정치적인 성격이 분명히 있음을 드러내며, 관리주의적 아젠다에 의해 오용되도록 하는 이익집단들이 있다는 비난이 제기되기도 한다(Otto, Polutta, & Zieglar, 2009). 보건의료와 사회서비스를 제공함에 있어 법적, 규제적, 권위적인 것을 강화하는 연막(smoke-screen)으로 근거기반실천이 사용되고 있다고 보는 것이다. 복지가 국가와 사회의 책임이라는 인식이 더해지는 시기에 근거기반실천을 간단하게 찬성하거나 반대하는 것이 아니라 복지국가의 변화라는 보다 넓은 사회정치적 맥락에서 이해해야 한다는 주장을 주의 깊게 새겨야 할 것이다(Fook, 2004; Otto, Polutta, & Zieglar, 2009).

3) 연구방법과 연구 수행에 미치는 영향

다른 어떤 것보다 '무엇이 효과적인지'에 관한 근거를 찾는 것이 지상 과제인 근거기반실천에서는 개입과 결과 간의 인과관계를 보여주는 연구 방법론을 최우선의 과학적 방법으로 간주한다. 그래서 지나치게 또는 오로지 무작위 실험설계 결과만을 강조하며 다른 유형의 연구와 탐구 방법은 경시하는 경향이 있다. 이것은 실천 의사결정에 적용할 만한 근거를 찾는 기준을 정하는 것에서 그치지 않고 우리가 지식을 탐구하는 방식과 가치 기준에도 영향을 미친다. 쿤(Thomas Kuhn) 식으로 표현하면 21세기 현재 근거기반실천은 연구 패러다임의 주도권을 행사하며 무엇이 '가치 있는' 연구인가에 대한 시각을 설정하고 있다(Duggal & Menkes, 2011). 근거기반실천 패러다임의 지도 아래, 연구자들은 학계에서 인정받을 만한 주제와 방법론의 틀 안에서 중요한 문제가 무엇인지 찾고, 그 문제를 해결하고자 하게 된다.

앞 절에서 의사결정에 도움을 주는 최선의 근거란 무엇인가에 대한 혼란과 불일치가 있음을 살펴보았다. 근거에 관한 논의는 방법론적인 것에서 그치는 것이 아니라 근거의 종류에 따라 가중치를 부여하는 작업이 정당화된다는 것이 더 큰 문제이다. 여러 다른 이해관계자들 사이의 파워 역동 속에서 최선의 근거와 방법론이란 무엇인가가 결정되기 때문이다(Bodgan-Lovis, 2006; Donaldson, Christie, & Mark, 2009). 2003년 미국 교육성(U.S. Department of Education)의 교육 과학재단(Institute of Education Science)은 향후 응용과학 및 교육 평가 관련 연구 과제를 선정하는 데에 특정 기준을 적용한다고 발표하였다. 무작위실험설계 또는 엄격하게 설계된 유사실험설계 디자인을 계획하는 연구팀에 다른 방법으로 연구하려는 팀보다 연구비 선정에 우선을 두겠다고 공표하였다[12].

연구재단이 특정 연구방법을 권장하면, 이 경우에는 대규모 실험설계 연구를 수행하는 연구자와 연구기관들은 정부와 재단으로부터 그렇지 않은 집단보다 연구비 지원을 더 많이 크게 받게 되고, 연구 결과를 논문화할 기회가 많아지며, 그 결과 경제적 인센티브와 종신보

12) 당연히 이에 대한 학계의 반발이 있었다. '암흑시대로의 회귀'에 반발하며 미평가협회(American Evaluation Association, AEA)는 2003년 가을 총회에서 일명 'AEA(American Evaluation Association) 성명서'를 발표하였다. 내용의 요지는 교육과학재단이 공표한 과학적인 평가방법에 우선순위를 매기는 것에 반대 입장을 분명히 한 것이다. 전문의 내용은 http://www.eval.org/p/cm/ld/fid=95에서 참고할 수 있다. 영향력 있는 일부 시니어 회원들이 이 성명에 반대하는 반대 성명서('The Not AEA Statement')를 협회 홈페이지에 실어 교육과학재단의 결정을 지지하였다. 교육학계 내, 특히 교육 평가 관련 학자들 사이에 최선의 연구방법에 대한 논의가 끊이지 않으며 소모적인 논쟁이 오고 갔다. 이에 2006년 Claremont Graduate University 주최로 다른 입장의 학자들이 한 자리에 모여 최선의 근거와 연구방법에 대한 토론회를 개최하였고, 그 결과물이 책으로 엮어졌다. Donldson과 동료들(2009)이 편집하여 *What counts as credible evidence in applied research and evaluation practice?*란 제목으로 출판하였다.

장을 받을 기회가 역시 높아진다. 선순환이 일어나면서 이들은 계속 해서 연구비 지원을 받게 되고 그 분야의 지식 형성을 주도할 기회를 더 많이 잡게 되며 과학 커뮤니티 내에 권위를 형성할 것이다(Petr & Walter, 2009; Powell, 2005). 또한, 그쪽 방면의 연구방법론이 교육에서도 정석으로 자리 잡으면서 다른 방식의 연구에 접하는 배움의 기회도 제한하게 될 수 있다. 연구방법과 관련된 학계 내의 권력 관계가 이와 같이 작동하면서, 이용자의 가치와 선호, 욕구에 관해 더 구체적인 정보를 제공할 질적 연구는 무시될 수 있다(Cohen, Stavri, & Hersh, 2004; Miles et al., 2001).

이처럼 특정 연구 방법을 권장하는 일은 연구 수행의 변화, 교육 내용의 변화, 그리고 지식 형성의 변화를 가져온다. 다양한 연구 방법을 경시하거나 제한한다면, 특정 형태의 근거만 활용되면서 보건의학과 사회과학 연구는 핵심에서 벗어나 부적합하고 제한적인 지식만 양산하게 될 것이다. 그 결과 장기적으로 공공 서비스의 본질에 대한 이해가 줄어들고 실천에 필요한 지식 또한 부족해질 위험에 처할 수 있다(Humphries, 2003).

특정 연구를 선호하는 현상과 관련해서 이런 점도 생각해 볼 필요가 있다. 근거기반실천에서는 '무엇이 효과적인가?'에 초점을 맞춘 개입으로 인해 행동의 변화가 일어나면, 그것이 어디서나 유사한 결과를 가져온다고 가정한다(Humphries, 2003). 근거기반실천이 강조하는 연구들은 대체로 단기적이고, 인지 행동주의적이며, 기술 중심의 개입방법들이다(Reid, Kenaley, & Colvin, 2004). 이들은 개인의 변화를 도모하는 개입들로서, 개인의 사고방식, 감정, 또는 행동 변화를 측정할 수 있고, 그 측정을 반복할 수 있다는 특성이 있기 때문이다. 그래서 직설적이지 않거나 측정이 어려운 문제와 개입은 배제되는 경향이 있다(Gitterman & Knight, 2013; Otto, Polutta, & Ziegler, 2009). 예를 들어 의료 및 간호 치료를 받는 환자들과 사회복지 서비스를 이용하는 클라이언트들이 보고하기를 치료에 도움이 되는 것으로 공통적으로 꼽은 것은 개입 제공자와 클라이언트 간의 관계라고 한다(Graybeal, 2007). 치료적 관계와 다른 기타 요소들이 특정 개입모델보다 개입의 성과 예측을 높인다는 것이다(Messer & Wampold, 2002). 이러한 연구 결과는 근거기반실천식 개입을 주도하는 개입조사 연구자들과 산업 시장에 위협이 될 수 있다. 왜냐하면 치료적 관계에 관한 지식은 객관적이라기보다 주관적, 간주관적인 특성을 띠기 때문에 근거기반실천의 연구 주제로 적합하지가 않다(Bodgan-Lovis, 2006). 만약 치료적 관계가 다른 것보다 중요하다면, 특정 문제에 대한 특정 개입 방법을 만드는 것을 그렇게까지 강조할 필요가 줄어들기 때문이다. 근거기반실천이 계속해서 '무엇이 효과적인가'를 따지는 것은 여기에 따르는 경제적 인센티브 때문이라는 주장들이 제기된다(Petr & Walter, 2009). 근거기반실천은 특정 연구 데이터를 기반으로 한 몇몇 개입(예, 인지행동치료)에만 우호적이게 하는 시스템 차원의 편견을 만들어 낼 수 있다. 이에 따라 사회적 구조와 경제적 불평등이 개개인에게 미치는 영향을 개선하는 데에는 의문을 제기할 여지가 없게 된다.

제2장

사회복지와 근거기반실천

제 2 장 사회복지와 근거기반실천

1. 북미 사회복지계의 지식형성 및 과학화를 위한 노력의 역사

21세기의 서구 사회복지계와 근거기반실천의 관계를 이해하기 위해서는 사회복지전문직이 발전되어 온 역사적, 그리고 사회 · 정치적 맥락을 살펴볼 필요가 있다. 따라서 본 절에서는 사회복지 지식 발전의 역사와 진화를 살펴보면서 사회복지실천과 연구 간의 관계를 정리하고, 사회복지계가 지식형성에 어떻게 접근해 왔는지를 살펴보고자 한다. 본 절의 내용은 북미 사회복지학자인 캐서린 타이슨(Katherine Tyson)과 故 윌리엄 리드(William Reid), 앤 포춘(Anne Fortune), 그리고 영국의 학자인 이안 쇼(Ian Shaw)의 저술의 내용을 기본 틀로서 참고하였다. 그간의 저술을 통해 자신의 인식론과 연구방법에 관한 입장을 분명하게 밝혀온 이들은 사회복지 지식체계의 역사적 발전 과정, 그리고 사회복지와 과학과의 관계에 대해서 조금씩 다른 견해를 보여준다.

현대적 모습의 사회복지는 19세기 말 자선활동을 보다 조직적으로 실천하려는 움직임에서 시작되었다. 그 당시는 '과학적 자선(scientific philanthropy)'을 모토로 하며 빈곤 등 사회문제의 원인을 사회적 또는 도덕적 · 종교적 관점에서 바라보는 시각이 형성되던 시기였다(Marx & Hopper, 2005). 미국의 경우 진보주의 시대(Progressive era)와 겹치는 시기이고 기술적 전문성과 실증적 정보의 중요성이 서서히 인식되던 때였다. 이 당시의 초기 사회복지사들, 특히 인보관 운동(settlement house movement)을 주도하던 사람들은[1] 자신들이 하는 일이 바로 새롭게 급성장하는 사회과학의 역사를 쓰는 일이라고 여겼다. 초기 사회복지사 리더 중의 한명인 에디쓰 에봇(Eddith Abbott)[2]은 사회복지를 '새로운 과학(new science)'이자 '새로운 전문직(new profession)'이라고 불렀으며, 사회복지의 일이 제대로 평가받기 위해서는 사회복지 이론과 방법의 구축이 중요하다고 역설하였다(Abbott, 1931, Tyson, 1995, p. 29에서 재인용).

사회복지 교육과 훈련이 필요해짐에 따라 1898년 뉴욕의 자선조직협회가 여름 단기 코스를 개설하는 것을 시작으로, 1904년 시카고에서 1년 과정의 교육 프로그램이 생기는 등 전문적으로 유급 종사들(paid professionals)을 양성하기 시작하였다. 메리 리치몬드(Mary Richmond)는 1908년 필라델피아의 사회복지훈련학교(Training school of social work)에서 사회 통계와 조사란 과목을 가르치며, 케이스워크(casework)에서의 근거와 조사연구의 활용을 강조했다. 리치몬드는 케이스워크 사례들에 대해 매우 구체적인 내용을 담은 책을 출간하기도

1) 이들은 거주자(settler)라고 불렀다.
2) 에봇은 시카고 대학교 사회복지대학원(School of Social Service Administration, University of Chicago)의 학장이었으며, 사회복지의 과학적 지식 기반이 필요함을 역설하며, 사회복지 지식을 향상하고 전파시킬 목적으로 1927년 *Social Service Review*라는 학술지를 창시하였다.

하였으며[3], 조사연구를 통해 케이스워크 과정에 대한 지식을 발전시켰다. 그녀는 개인 및 가족의 욕구를 꼼꼼히 기록할 뿐 아니라, 케이스워커와 클라이언트가 문제를 해결하는 과정을 기록한 것을 자세하게 분석하였다. 클라이언트에 대한 정확한 정보 수집을 바탕으로 서비스에 대한 합리적 결정을 내려야 한다고 강조한 리치몬드는 '검증되지 않은 가정(untested assumptions)'을 조사연구와 케이스워크 수행의 장애물이라고 보았다. 따라서 케이스워커는 자신의 가정과 편견을 지속적으로 인식해야 한다고 강조했다.

인보관 운동의 헐 하우스(Hull House) 커뮤니티 역시 실천을 행하는데 지식이 중요하다고 보았고 관련 지식을 얻기 위해 노력하였다. 제인 애덤스(Jane Adams)는 헐 하우스에 토론 그룹을 만들고 그 당시 촉망받는 학자들, 사회과학자들, 그리고 개혁자들을 초청하여 거주자들과 토론하는 자리를 정기적으로 마련하였다. 토론 그룹은 사회문제의 배경과 해결방법에 관해 과학적 해결방법을 논의하는 자리였다. 또한 애덤스는 일을 효과적으로 하기 위해서는 체계적인 자료 수집과 그것을 정보화 하는 과정이 필수적이라고 보았다. 인보관이 하는 일을 자세히 기술하여 그 결과물을 출판하고 그것을 대중과 나누는 것을 중요시했다(Jenson, 2005). 20세기 초반 14개의 인보관에서 45권의 책을 발간할 정도로 조사연구에 열심이었다. 그리고 자신들의 연구 결과를 로비스트들과 공유하고, 대중에 교육하며, 풀뿌리 운동에 쏟을 방법을 강구하였다. 정책 입안에도 열심이었던 헐 하우스는 아동

3) 프레드 홀(Fred Hall)과 공저로 *Study of nine hundred and eighty five widows known to certain Charity Organization Societies in 1910*이란 제목의 책을 1913년에 출판하였고, 1917년에는 사회복지 고전이 된 『사회적 진단(*Social diagnosis*)』을 내놓았다.

문제에 관해 연구한 결과를 적극적으로 계몽하는 데 활용하여 아동국(Children's Bureau)이 설립되도록 하는 등 연구를 통해 사회개혁을 일으키는 일에 앞장섰다(Tyson, 1995).

체계적 조사활동을 통해 사회 문제 해결 및 사회 개혁을 가져오고자 한 것은 자선조직협회가 지향하는 바이기도 했다. 앞에서 살펴봤던 리치몬드는 개개인의 문제를 해결하는 것이 모아져 대규모 사회개혁을 가져온다고 보았다. 버펄로 자선조직협회에서 훈련을 받았으며, 1912년 뉴욕 자선학교(School of Philanthropy)의 첫 학장이 된 포터 리(Porter Lee)는 전문직으로서 사회복지가 할 일은 휴먼 서비스를 조직하며 사회개혁을 증진하는 것이라고 보았다(Lee, 1929, Tyson, 1995, p. 33에서 재인용).

서구 사회복지 전문화 과정을 살펴본 학자들은 대부분 사회복지계가 정신역동 이론(psychodynamic theories)을 받아들인 계기를 플렉스너(Abram Flexner)의 언급에 대한 반응이라고 정리하곤 한다. 사회복지는 지식기반이 약한 관계로 전문직이 아니라고 한 플렉스너의 말에 기가 죽은 사회복지계가 정신역동 이론들을 빌려와 과학적 이론 기반을 마련하고자 했다는 것이다. 또한, 정신역동 이론을 도입한 것이 마치 사회복지가 사회개혁으로부터 멀어진 계기라거나 빈곤을 외면하는 방향으로 간 것이라고 보는 시각도 없지 않다. Tyson(1995)은 이와 같은 주장과는 다른 측면에서 그 배경을 들여다보았다. 초기 사회복지의 한 축으로서 자선조직협회와 인보관 운동과 더불어 빼놓을 수 없는 것이 정신과 사회복지사(psychiatric social workers)에 관한 것이다. 20세기 초반 미국에서는 정신질환자, 특히 아동과 청소년에 대한 비인간적이고 부당한 취급을 바로 잡기 위해 정신위생운동(mental hygiene movement)이 전국적으로 일어났다. 정신질환자들이 인간적인 치료를 받을 환경을 만들기 위한 다학제적인 움직임이 있었고, 의학·간호학과 더불어 사회복지에서도 정신적인 영역을 다루는 일로서 정신과 사회복지사가 생기게 되었다.

초기 사회복지사들은 클라이언트가 물질적 자원을 제공받아도 제대로 사용하지 못하고 문제가 악화되는 사례를 많이 접하면서 어떻게 해야 할지를 고민하게 되었다. 오히려 문제를 키우는 자멸적인 행동들을 어떻게 도울지, 어떻게 클라이언트를 변화시킬지를 알고 싶어 했다. 정신과 사회복지사들은 정신역동이론을 통해 클라이언트의 내면세계를 이해하고자 노력하면서, 원조 관계에서 클라이언트와 사회복지사 간의 관계가 중요함을 인식하게 되었다. 이들은 실천 과정에 개별 클라이언트의 특성을 반영하며 실천가와의 관계가 원조 개입에 미치는 영향을 주의 깊게 보게 되었다. 초기 정신과 사회복지사들은 임상 실천에 새로운 통찰력을 가져오는 방법으로서 조사연구의 필요성을 인식했으며, 케이스워크의 복잡한 과정과 클라이언트의 개별적 다양성을 반영하는 방법으로서 질적 사례연구를 수행하였다. 그것을 통해 면담 기술과 실천 이론을 발전시키고 그 결과를 교육적 목적에 활용하고자 했다(Tyson, 1995).

미국 고등교육의 발전에 기여했고 현대 의학 교육의 기반을 다듬었다는 칭송을 받고 있는 교육자로서 아브라함 플렉스너(Abraham Flexner)란 사람이 있었다. 그는 1915년 '전국자선·교정학회(National Conference of Charities and Correction)'에서 사회복지가 과연 적법한 전문직인가에 대해 의문을 제기했다. 플렉스너는 전문직이 갖추어야 할 여섯 가지 조건을[4] 제시하며, 사회복지가 연구 결과를 참고하며 일하

4) ① 고도의 개인적 책임성을 수반하는 지적 활동, ② 과학과 학습을 통해 추출되는 사실자료, ③ 이러한 사실자료에 근거한 실질적이고 확고한 목표, ④ 교육을 통해

는지 의문이고, 지식 기반이 약하기 때문에 전문직이라고 볼 수 없다고 하였다. 사회복지 역사가들은 보통 플렉스너 연설의 영향과 파장을 한 면으로만 정리하는 경향이 있다. 사회복지 발전은 그 같은 언급에 충격을 받아 전문화되기 위해 안간힘을 써온 역사라고 정리하곤 했다. 하지만 플렉스너의 말을 문자 그대로 받아들이지 않고, 그 같은 발언이 나온 사회적 · 역사적 배경을 좀 더 들여다 볼 필요가 있다. 그 당시 미국에서 가장 유명한 공공 지식인이며 사회참여 지식인(public intellectual)이자 의학 교육을 평가하고 새롭게 정비한 그가 사회복지관련 학회 초대에 응했다는 것 자체가 사회복지가 전문적 일로서 사회의 인정을 받고 있었다는 반증이기 때문이다(Cnaan & Dichter, 2008). 그러나 초대에 응한 플랙스너가 연설 준비를 제대로 한 것은 아니었다. 그는 그 당시 이미 보편적으로 전문직이었던 의학과 법학의 기준에 맞추어 사회복지를 평가하였다. 플랙스너도 스스로 실토하기를 연설에서의 발언이 사회복지에 대해 잘 모른 채 충분한 근거를 대서 한 말은 아니라며 자신의 잘못을 시인했다(Flexner, 1915, p. 576, Tyson, 1995, p. 29에서 재인용). 그런데 여기에 사회복지가 과도한 반응을 보였던 것이다(Kirk & Reid, 2002).

그렇다면, 플랙스너는 어떤 맥락에서 그와 같은 말을 했던 것일까? Tyson(1995)에 의하면, 플렉스너는 그 당시 여타 남성들처럼 여성의 지적 능력을 의심(misogyny)하였을 뿐만 아니라 활발한 사회복지 활동을 저지하려는 정치적 목적을 갖고 있었다고 한다. 그 당시 사회복지사들은 플렉스너가 간호와 사회복지 같은 '여성의 직업'에 대해 남성우월적인 시각을 갖고 있음을 간파했다고 한다. 학회에서의 발언은

전수 가능한 기술, ⑤ 자주적 조직, ⑥ 이타적 동기(감정기 · 최원규 · 진재문, 2002, p. 195에서 재인용).

그의 가치관을 보여주는 사건이었다[5]. 또한, 플렉스너는 사회복지사의 개혁적 노력들을 누그러뜨리려는 바람이 있었다. 그가 연설한 1915년 당시를 보면, 헐 하우스의 업적이 전국적으로 알려지고 그 업적을 바탕으로 아동국이 건설되는 등 사회 정책에 미치는 영향력이 점점 커지고 있었다. 플렉스너는 사회복지사들이 너무 자신만만하게 군다고도 하였다.

이처럼 자선조직협회와 인보관 운동, 그리고 정신의학 사회복지사 그룹이 서로 다른 사회복지연구 커뮤니티를 형성하고 20세기 초기의 사회복지 임상 실천을 발전시켰다. Tyson(1995)은 세 그룹이 사회복지 지식 형성에 관해 공유한 믿음을 다음과 같이 세 가지로 정리하였다. "첫째, 초기 사회복지사들은 방법론적 다원주의자들이라고 할 만하다. 그들은 조사 방법론상에 우선순위가 있다고 보지 않았으며 목적에 따라 다양한 연구방법을 활용하고자 하였다. 둘째, 이들은 측정 가능하지 않은 것들도 조사에 포함하고자 하였다. 셋째, 조사연구 과정에 클라이언트와의 관계를 염두에 두었으며, 사회개혁이라는 가치를 실현하는 도구로서 연구를 한다고 보았다(pp. 47-49)." 즉, 초기 사회복지사들은 실용주의적 관점을 갖고 있었고, 조사연구를 문제를 해

5) 플렉스너는 교육과 훈련을 마친 간호사를 이렇게 평가했다고 한다. "그들은 의사의 몸에 달려 있는 팔 같은 존재라고 볼 수 있겠다. 의사가 진단하고 결정하면, 간호사는 의사의 의견에 무조건 충성하고 그가 하라는 대로 따르는 것이 낫다. 이런 부차적인 존재가 하는 일을 어떻게 전문직이라고 볼 수 있을까?(... maybe described as another arm to the physician or surgeon... it is the physician who observes, reflects, and decides. The trained nurse.... subordinates loyally her intelligence to his theory, to his policy, and is effective in precise proportion to her ability thus to second his efforts. Can an activity of this secondary nature be deemed to a profession?, Flexner, 1915, p. 583, Tyson, 1995, p. 29에서 재인용). 플렉스너는 사회복지사를 간호사와 비교하였고, 사회복지사도 역시 전문적 판단력을 행사한다고 볼 수 없다고 말했다고 한다.

결하는 실질적인 방법으로 보았다. 초기 사회복지사들에게 과학적 조사는 개인과 지역사회가 갖고 있는 구체적인 문제들에 실행가능한 해결안을 제공하는 방법이었다. 그들은 연구조사를 조사자가 클라이언트와 관계를 맺는 방법이자 더 큰 규모의 사회 변화를 가져오는 방법이라고 보았다. 실천과 연구는 협동적으로 이루어졌고, 사회복지는 새로운 과학으로서 사회개혁에 헌신해야 한다는 인식을 갖고 있었다.

그런데 1950년대에 들어서며 상황이 변하였다. 미국 사회는 대공황(Great depression)과 두 차례의 세계대전을 거치며 커다란 변화를 맞이하였다. 사회복지연구가 발전하는 상황도 급격히 변하였다. 무엇보다 초기 사회복지 시절과 달리 이 시기의 사회복지연구는 논리실증주의를 받아들이게 되었다. 그 역사적·문화적 배경에는 눈부신 과학기술의 발전이 있었다. 레이더, 핵폭탄, 페니실린의 개발 등이 국가 안보에 엄청나게 중요해지면서 과학을 보는 사람들의 시각이 변하였다. 냉전시대를 거치면서 과학 분야에 엄청난 투자가 이어지고 과학에의 발전뿐 아니라 미국 내의 정치적 기류도 변하였다. 소위 매카시즘의[6] 영향으로 사회복지의 개혁적 정신은 사회의 보수적인 분위기와 대척점에 있었다. 전국적인 정치 분위기는 사회 개혁 움직임들에 따가운 눈초리를 보내던 때였다. 그동안 사회적 존경을 받으며 정책에 영향력을 행사할 수 있었던 제인 애덤스는 이제 파시스트라는 공격을 받기도 하였다. 점차 인보관 운동을 위시한 사회개혁 노력들은 힘을 잃게 되었다.

대공황 이후 공공 서비스의 확장과 함께 대규모 인력이 필요해지

---

6) 1950년부터 54년까지 미국을 휩쓴 반공산주의 선풍. 위스콘신 주 출신 공화당 상원의원 조셉 매카시(Joseph McCarthy, 1909~57)의 이름에서 나온 말이다(출처: 한국근현대사사전, 네이버 지식백과에서 인용).

면서 전문 교육을 거의 받지 않은 사람들이 케이스워크 업무를 맡게 되었다. 원래부터 빈곤, 폭력, 장애 또는 정신질환과 연결된 관계로 다른 전문직보다 낮은 위치에 있었던 사회복지계는 비전문 인력의 확산으로 그런 인식이 한층 더 강화되었다(Cnaan & Dichter, 2008). 사회복지의 주요 정신이 주류 사회적 규범과 대립적인 관계에 처했을 뿐 아니라 사회적 위상이 낮아지는 그 때에, 의학은 제도적 파워를 막강하게 건설하는 방향으로 성장하였다. 의학 연구 규모는 1950년대와 70년 사이에 세 배 이상으로 커지고, 가장 큰 규모의 산업으로 성장했다. 기술의 비약적 발전으로 신경 기능을 측정하는 뇌파 기술이 가능해지고 의약물 연구가 급속히 발전하면서 실험설계 연구 디자인으로 신경정신약리학 개입에 대한 연구가 매우 활발해지게 되었다.

초기 사회복지사들에게 클라이언트와 사회를 위한 옹호 활동은 과학적 목적과도 양립할 수 있었다. 그러나 1950년대 들어 변화된 분위기 속에서, 사회복지사들은 사회복지지식의 과학적 위치에 대해 조심스럽게 살피게 되었다. 사회복지의 궁극적 목적인 사회개혁 정신은 의심을 받고 과학기술의 발전은 강조되는 분위기 속에서 사회문제에 대한 방법론적 해결책을 발전시키고자 논리 실증주의를 받아들이게 되었다. 이와 같은 분위기 속에서 1949년 사회복지연구그룹(Social Work Research Group, SWRG)이 설립되었다. 주로 사회학이나 심리학에서 학위를 받고 사회복지 교수가 된 사람들로 이루어진 이 그룹은 새롭고 체계적인 사회복지연구를 표방하며, 실증주의의 기준에 맞추어 사회복지연구의 방향을 세우고자 했다[7]. SWRG에 따르면, 그동

7) 사회복지연구에 영향을 미친 실증주의의 특성은 ① 과학과 비과학의 이분법적 사고, ② 이론 개발보다는 이론 검증에 치중, ③ 다른 연구방법보다 실험적 디자인 선호, ④ 과학의 가치중립을 당연시 함 등으로 정리할 수 있다.

안 사회복지의 연구 방식은 과학적이지 않았다. 이들은 사회복지가 앞으로라도 과학적인 방식을 취하지 않는다면 다른 학문에 밀려 그 자취를 잃을 것이라고 주장했다. SWRG는 과학적 연구를 정의함에 있어 실증주의적 기준에 맞지 않는 많은 유형의 사회복지 지식을 배제하였다. 초기 사회복지사들은 실용주의 철학자 존 듀이(John Dewey)나 윌리엄 제임스(William James)의 영향을 받아 과학을 체계적이고 실질적인 문제해결 과정으로 보았다. 그와는 달리 SWRG가 정의한 과학적 지식은 연역적이며 통계적으로 일반화가 가능한 지식이다(Tyson, 1995, p. 70에서 재인용). 연구에 대해 초기 사회복지사들보다 제한적인 생각을 가진 SWRG는 연구의 목적을 이론적 모델의 정확성을 검증하는 것이지 이론을 만들어 내는 것은 아니라고 보았다. SWRG는 이론 검증에 효과적인 실험적 디자인을 우선시하며, 연구 방법론의 순위를 매겼고, 엄격하고 수준 높은 연구 환경과 연구 실력을 강조하였다. 메리 리치몬드가 사회복지사들로 하여금 지식을 실천에 적용하는 비평적 능력을 갖추어야 한다고 강조하는 식이었다면, SWRG는 연구와 실천의 관계에 대해 그 와는 다른 견해를 보였다. 이들은 연구자가 지식을 검증하여 과학적 지식이라고 확인하면, 실천가들은 그것을 활용하여 과학적 실천을 할 수 있다고 보았다(Tyson, 1995). 초기 사회복지사들이 '실천가이자 연구자'였다면, 1950년대 이후의 사회복지사는 연구자들이 검증한 지식을 활용하도록 요구받는 위치에 처하였다. 연구자는 전문가로서 과학과 지식에 공헌하는 자이고, 사회복지사는 지식을 전수받는 자로 서열이 정해지게 되었다. 그 결과, 1950년대와 60년대 걸쳐 실천과 연구 간의 골이 깊어지기 시작했다. 타이슨에 의하면, 연구와 실천 간의 골은 사회복지 지식에 대한 인식론적 믿음뿐 아니라, 사회복지직에서 여성과 남성의 지위와 상태의 차이를 반영하는 것이기도 하다. 보통 여성은 직접적 실천 현장에 위치하고 남성은 관리직 또는 연구와 학계에 자리 잡은 것을 볼 수 있다(Tyson, 1995, p. 84).

타이슨 교수의 평가와 달리, 1950년 이전에는 사회복지 지식발전에 큰 진전이 없었다는 입장도 있다. 여러 논문과 저서를 통해 사회복지 지식 발전과 동향에 관해 정리한 리드(William Reid) 교수에 의하면 사회복지에서 과학적 실천의 시작은 SWRG가 설립된 이후인 1950~60년대가 되어서이다. 그 시기에 과학적 회의주의(scientific skepticism)와 정신 역동적 케이스워크에 불만을 가진 신진학자들이 중심이 되어 과학적 실천을 이끌었다는 것이다(Kirk & Reid, 2002; Reid, 1981, 2001, 2002; Reid & Smith, 1989). 리드는 과학적 기반의 실천 또는 경험적 실천(scientifically based or empirical practice)은 다섯 가지 특성이 있다고 정리하였다(Reid & Smith, 1989). 그 내용은 ① 측정 가능한 기준들로 이루어진 경험적 용어를 사용한다, ② 개입과 변화를 연결 짓는 설명적인 실천 모델이 있다, ③ 사정과 개입방법을 선택할 때에는 연구 기반 지식을 우선시한다, ④ 실천의 의사결정에 사회복지사의 직관보다 과학적 합리성을 활용한다, ⑤ 사정과 평가 단계에서 다양한 자료를 수집하며 연구방법을 활용하도록 한다이다[8].

리드 교수에 의하면 사회복지에서 과학의 역할에 대한 논의는 그 역사만큼이나 오래된 이슈이다. 리드(Reid, 2001)는 원조 전문직이 과학을 활용하는 경우를 크게 두 가지로 볼 수 있다고 하였다. 첫째는 전문적 활동을 하는 데에 과학적 모델을 따르는 것이다. 예를 들면 의사 또는 사회복지사가 진단 및 사정을 하고, 체계적인 관찰을 하며,

8) 이런 점으로 인해 윌리엄 리드를 사회복지계에 근거기반실천의 기반을 닦은 학자라고 보는 시각이 있다(Fortune, 2010).

가설을 세워서 일을 하고, 결과를 평가하는 것이다. 여기서 전문가는 과학자처럼 '일하고' 있는 것이다. 두 번째는 과학적 지식을 이용해서 실천에 적용하는 것이다. 의사나 사회복지사가 연구를 통해 나온 지식으로 클라이언트에 대한 이해를 향상하고(사정 지식), 또는 클라이언트의 상황을 개선시키는데(개입 지식) 사용하는 경우이다. 이 경우는 지식으로서 과학을 활용하는 것이다. 리드 교수는 두 가지 중에서 지식으로서의 과학 사용이 보다 더 중요하다고 하였다.

그런데 리드는 그동안 사회복지는 지식으로서의 과학을 활용하는 방식보다는 첫 번째 방식으로 과학을 활용하였다고 보았다(Reid, 2001). 과학적 자선활동을 하면서 체계적 사정을 중시한 메리 리치몬드가 『사회적 진단』에서 강조한 것들은 과학을 실천 방식으로 활용하는 첫 번째 경우에 관한 것이다. 사회복지사는 체계적으로 사정하고, 클라이언트 문제에 대한 가설을 세우며, 개입의 방향을 정하는 식으로 일하기 때문에 원래부터 과학자라고 할 수도 있다(proto-scientists). 그러나 과학적 지식의 활용이 부족한 것이 문제이다. 리드가 보기에 초기 사회복지 시기에도 빈곤한 자, 그리고 일하는 계층에 대한 연구들이 있긴 하였지만, 직접적으로 사회복지실천에 활용되었다고 보기 어렵다는 것이다. 또한, 19세기 말 과학적 자선조직협회 시절의 사회복지 활동은 과학의 객관성과 이타적인 구호 정신은 양립할 수 없다는 것을 드러낸 것이라고 보았다. 리드에 의하면, 사회복지실천에서 과학적 지식이 사용된 것은 그 자체도 과학적이라고 보기에 미심쩍고 불확실한 점이 없잖아 있지만, 정신역동치료가 들어오면서 비로소 시작된 것이다. 커크와 리드(Kirk & Reid, 2002)에 따르면, 20세기 중반 이전의 사회복지는 소신과 전통, 검증되지 않은 실천 이론을 바탕으로 이루어졌으며, 실증적으로 검증된 개입 지식은 부재했다고 해도 과언이 아니다.

1960년대의 사회정치적 분위기는 사회복지 효과성에 의문을 제기하고 프로그램 평가를 실행하도록 촉구하였다. 자금 제공처의 요구에 맞추어 서비스의 결과를 보여야 했는데, 객관적인 근거를 제시할 수 있어야 했다. 몇 %의 아동이 구체적으로 측정 가능한 변화를 보였다는 것을 증명하기 위해서라도 실증주의적 연구방식을 따르지 않을 수가 없었다. 이 시기 학자들은 측정가능한 성과를 기대하며, 사회적 개입에 대한 대규모의 연구를 실행하였다. 예를 들어, 비행 위험에 노출된 청소년에게 집중적인 심리 역동적 치료를 제공한 캠브리지-소머빌 연구(Cambridge-Somerville Study, Power & Witmer, 1951), 보호서비스가 필요한 인지기능 저하 노인들에 대한 개입인 벤자민 로즈 연구(Benjamin Rose Study, Blenkner, Bloom, & Nielsen, 1971), 공공보조를 받는 가족들에 대한 심리역동 서비스를 제공했던 채뭉 카운티 연구(Chemung County Study, Wallance, 1967)가 그 예이다.

그런데 연구결과는 기대와 달리 사회복지 개입이 비효과적이거나 오히려 해롭다는 것이었다(Fisher, 1978). 이와 같이 달갑지 않은 결과는 사회복지계에 세 가지 차원의 변화를 가져왔다. 첫째, 사회복지실천을 향상시키기 위한 원동력으로서 실천 평가를 매우 강조하는 분위기가 형성되었다. 둘째, 케이스워크의 원칙에 대해 제고하며, 정신 역동적 개입뿐 아니라 과업중심치료, 인지 행동적 개입, 그리고 체계적 접근, 제네럴리스트 실천이 대두되었다(Fortuen, 2010). 셋째, 실증주의의 한계를 지적하며, 다양한 인식론이 대두되었다(Shaw, 2005).

사회복지 개입이 별로 효과적이지 않다는 실망스러운 결과에 대해 다음과 같은 논의가 진행되었다. 피셔(Fischer, 1978)가 지적했듯이 '평가의 대상이었던 서비스 자체가 질적으로 미달된 것이다'는 의견들과, '프로그램 내용이 부실한 것이 아니라 연구 방법론이 문제가 있는 것이다'라는 의견들이 제기되었다. 커크와 리드(Kirk & Reid, 2002)처럼 사회복지 프로그램 질의 문제이기도 하고 방법론도 문제였다는 냉정한 평가를 하는 입장도 있다. 과학적 근거를 기반으로 서비스를 제공했다고 보기 어려우며, 통제 설정을 통해 다른 요인이 아닌 개입으로 인한 변화인지를 증명하지 못했고, 측정이 타당한지도 제대로 살피지 않았기 때문이라는 것이다. 리드에 의하면 행동주의[9]의 영향을 받은 과학자-실천가 모델이 사회복지계에 등장한 이후에야 비로소 사회복지계 내의 과학적 업적이 괄목할 만한 성장을 이루게 된다(Reid, 2001, 2002). 1949년 심리학에서 처음으로 창안한 과학자-실천가 모델(scientist-practitioner)은 1970년대 행동주의 운동의 일환으로 북미 사회복지계에 유입되었다. 단일사례설계는 사회복지실천에서 과학적 방법을 사용하는 새로운 차원으로서 소개되었으며, 이를 통해 사회복지사가 자신의 개입에 대한 효과를 엄격하게 평가할 것을 요구하였다(Jayaratne, Levy, & Levy, 1979).

단일사례설계 디자인을 통해 개입의 효과를 측정하기 위해서는 먼저 클라이언트의 문제를 가능한 한 구체적이고 관찰할 수 있는 용어로 정의해야 한다. 예를 들어, "주의력 결핍장애 증상을 가진 아동이 한 시간 동안 의자에서 몇 번 일어났다 앉았다 한다" 등으로 문제를 정의한다. 개입을 시작하기 전에 기초선을 정하기 위해서 시간의 경과에 따른 문제 횟수와 정도를 관찰하여 측정하기 위해서이다. 기초

9) 미국 사회과학계는 1913년 미국의 극단적 행동주의 주창자인 존 왓슨(John Watson)이 「행동주의자가 보는 심리학(Psychology as the Behaviorist Views it)」이란 논문을 발표한 이래로 행동주의에 대해 알고 있었다고 한다. 행동주의의 영향이 학계에 가시화된 것은 1950년대 이후이다(Tyson, 1995).

선의 목적은 예상되는 변화가 개입 이후에 나타났는지를 보기 위함이다. 그리고 직접적인 관찰이나 표준화된 도구를 사용하여 가능한 한 엄격하게 자료를 수집해야 한다. 이러한 방법은 미국에 사회복지 박사과정이 만들어지면서 배출된 연구자들에게(즉, 1930~50년대처럼 심리학이나 사회학에서 학위를 받은 것이 아닌 사회복지 학위자들) 매력적으로 다가왔다고 한다. 왜냐하면, 이들은 정신 역동적 케이스워크를 지양하고 보다 과학적인 걸 지향하는 행동주의에 매료되었기 때문이다(Fortune, 2010). 주로 뉴욕의 컬럼비아 대학교 졸업생이었던 이 그룹은 단일사례연구를 사회복지 개입을 평가하고 발전시키는 방법이자 전문적 책무성을 실현할 수단으로 여겼다. 사회복지실천의 다양한 영역에 단일사례연구를 적용하기 위해서 행동주의적인 내용을 강조하던 것을 수정하여 보다 포괄적인 평가 도구로 사용하는 것을 모색하기도 하였다. 단일사례설계 옹호자들이 대부분 대학의 사회복지학자들이었기 때문에, 곧 단일사례설계를 다룬 교재와 교과목들이 생겨났다. 1980년대 초반이 되자, 학생들에게 실천을 평가하는 방법을 가르치는 것이 사회복지대학원 인가 조건이 되었다. 단일사례설계 활용을 위한 노력과 절차가 학계를 통해 이루어진 것이다(Bloom & Fischer, 1982; Tripodi, 1994). 그런데 이러한 노력이 별로 효과적이지 않았다. 단일사례설계를 실천에 사용하는 실천가는 많지 않았고(Kirk & Reid, 2002), 오히려 단일사례설계가 실천에 방해가 된다는 실천현장의 목소리들이 높아졌다(Fortune, 2010). 단일사례설계가 실천을 평가하는 유용한 방법일지는 몰라도 개입으로 인한 결과를 보여주는 방법으로는 부족한 만큼 경험적으로 검증된 개입 지식을 구축하는 데는 썩 성공적이지 못했다(Drisko & Grady, 2013).

한편, 사회복지개입 이론들은 여러 학문의 영향을 받아 발전하였다. 일반주의 모델(generalist model, Compton & Galaway, 1975; Pincus & Minahan, 1973), 생활모델(life model, Germain & Gitterman, 1980), 일반체계이론(general systems, Goldstein, 1973), 가족체계모델(Hartman & Laird, 1983), 생태체계학(Meyer, 1976) 등이 그 예이다. 미사회복지사협회(NASW)가 교육 프로그램의 승인 기준으로 제너럴리스트 실천가(generalist practice)를 표방하며 이런 비경험적 모델들이 교육과 실천현장에 지배적이었으나, 경험적 모델과 비경험적 모델들이 서로 영향을 주고받으며 발전하기도 하였다. 예를 들어 체계이론을 합병하여 과업중심모델이 발전되기도 하였다(Fortune, 2010).

사회복지실천의 효과성에 대한 의구심은 또한 다양한 인식론이 제기되는 상황으로 이어졌다(Shaw, 2005). 실증주의에 기반을 둔 사회복지연구의 명백한 한계를 지적하며, 대안적 인식론의 필요성이 제기되었다. 해체주의 또는 급진적 포스트모더니즘의 입장을 가진 경우를 제외하고는 개입에 관한 학문인 사회복지는 '무엇이 효과적인지를 어떻게 알 수 있는가?'라는 인식론적 이슈를 다루기 위해 과학을 필요로 한다는 것에 동의한다(Goppner, 2012). 이에 따라 실천과 별 상관이 없어 보이는 연구를 지양하면서 실천과 연구 간의 괴리를 좁힐 방법론이 거론되었다. 평가 또는 연구를 위해 인위적으로 조작하고 분석하는 것이 아닌 실천이 진행되는 과정과 결과를 있는 그대로 연구하는 방법을 고민하였다. 예를 들어, 탈실증주의자(postpositivist)인 Heineman(1981)은 '발견적 방법(heuristic)'을 통해 사회복지사는 문제해결식 방식으로 실천가이자 연구자가 되어야 한다고 주장하였다. 휴리스틱 패러다임은 연구자와 실천가 간의 간극을 좁히고, 연구를 보다 협동적이고 실천 관련적이게 하며, 복잡한 문제 해결을 하면서도 개입 지식을 쌓을 방법이라고 하였다.

과학과 실천을 잇기 위한 구체적인 작업으로서 사회복지연구대책위원회(Task Force on Social Work Research)가 1988년 국립정신보건국(National Institute of Mental Health, NIMH)에 의해 발족되었다. 사회복지연구대책위원회는 1990년대 일곱 군데의 사회복지 대학원에 사회복지연구발전센터를 지원하여 연구 중심의 박사학위 프로그램이 강화되도록 하였다. 그리고 이어서 Institute for the Advancement of Social Work Research(IASSWR)와 Society for Social Work Research (SSWR)를 설립하였다(Jenson, 2005). 이와 함께 사회복지연구도 변화를 겪게 되었다. 1988년 이후 대부분의 외부 연구비를 지원받아 수행되는 사회복지연구는 구체적인 문제 중심의 연구로 진행되고 있다. 왜냐하면 연구비를 지원하는 곳에서 문제 중심으로 연구 주제를 분류하고 영역별로 나누어 연구비를 지원하기 때문이다. 예를 들어, 연구주제를 노인과 노화, 정신건강, 약물중독, 에이즈 등으로 구분하여 영역화하였다. 이에 따라, 연방 정부가 지원하는 연구비를 받기 위해서는 '구체적이고, 집중적이며, 문제 중심적인(specific, focused, problem-oriented)' 연구를 할 수밖에 없게 되었다. 이와 함께, 연구 커뮤니티에는 심리학에서 시작된 '경험적으로 증명된 개입(empirically based intervention)'을 최선의 실천(best known practice)으로 여기는 풍토가 형성되었다. 이미 수없이 검증된 개입방법, 예를 들면, 인지행동치료는 다른 여타 개입보다 측정 가능한 특성으로 인해 계속해서 연구 주제로 선호되고 관련 근거가 계속 축적되는 현상이 발생하고 있다. 연구비를 받아야 하기 때문에 비교적 근거를 찾기도 쉽고 만들기도 쉬운 주제를 연구하는 것이다. 이에 따라 사회복지의 수많은 개입방법들은 아직 검증되지 않은 채 남겨져 있다(Fortune, 2010). 1988년 국립정신보건국(NIMH)의 노력으로 사회복지연구의 인력풀은 커졌지만, 여전히 실천 개입에 대한 연구는 충분하지 않은 이유 중 하나이다.

경험적으로 증명된 개입방법을 발전시키는 것과 함께, 사회복지사의 실천에서의 의사결정에 관한 연구들도 진행되었다. 리드(Reid, 1994)의 임상에서 의사결정 모델, 뮬렌(Mullen, 1978)의 개별 실천가의 연구 활용 의사결정 모델, 그리고 로젠과 프록터(Rosen & Proctor, 1978)의 체계적이고 계획적인 실천에 관한 연구들이 대표적인 예들이다. 이들에 이어서 1980년대 중반부터 두 명의 학자가 활발한 저술활동을 통해 더욱 합리적인 의사결정과 비평적 사고를 강조하였다. 2장 2절에서 보다 구체적으로 살펴보겠지만, 레오나드 깁스(Leonard Gibbs)와 에일린 갬브릴(Eileen Gambrill)은 비평적 사고와 합리적 의사결정을 돕는 방법으로 근거기반실천을 열렬히 옹호하였다.

21세기 서구, 특히 북미 사회복지계는 단일사례설계방법 사용에 초점을 둔 경험적 실천(empirically based practice)이 점차 근거기반실천으로 대체되는 분위기이다(Drisko & Grady, 2013; Shaw, 2007). 단일사례설계를 강조한 것이 각각의 개별적인 사회복지 개입의 책무성을 증명하고자 하는 노력이었다면, 근거기반실천은 인구기반 연구 결과를 통해 나온 외부 근거를 개별 실천에 활용할 것을 강조하는 것이다. 근거기반실천이 원조 전문직에 커다란 영향력을 발휘하면서 사회복지계도 근거기반실천을 받아들이게 되었다. 1980~90년대 문제중심 연구와 비평적이고 합리적 의사결정 연구의 동시적인 발전이 사회복지계 내에 근거기반실천을 받아들이게 하는 기반이 되었다(Fortune, 2010). 1장에서 살펴본 것처럼, 근거기반실천의 등장은 여러 입장의 아젠다들이 모여 형성된 거대한 사회적 담론이다. 사회적 비용은 줄이면서 서비스 질은 유지 또는 향상시키려는 노력들이 모이고 모여 근거기반실천이 다학제적으로, 그리고 글로벌하게 영향력을 행사할 수 있다. 정치적으로 '무엇이 효과적인가?' 하는 아젠다를 충족시키는 기능으로서 근거기반실천이 현재 대세적인 트렌드가 되었다.

사회복지 지식형성 과정과 과학화를 위한 노력을 살펴보면서 여전히 초기 사회복지 시절의 질문들이 현재진행형임을 보게 된다. 초기 사회복지사들처럼 21세기의 사회복지도 같은 종류의 질문을 던지고 있다.

> 즉, 사회복지의 일은 무엇인가? 사회복지가 하는 일을 더 효과적으로, 제대로 하기 위해 지식을 활용한다는 것은 어떤 것인가? 그리고, 어떤 종류의 지식이 필요한가? 우리는 우리가 하는 일이 효과적이라고 어떻게, 무엇을 통해 알 수 있는가? 근거기반실천이 이와 같은 질문에 답을 줄 수 있을까?

근거기반실천은 오랫동안 계속되어 온 사회복지 전문화 프로젝트의 새로운 형태라는 주장(Gray & McDonald, 2006)의 의미를 생각해 보게 된다. 다음 절에서는 서구 사회복지계가 근거기반실천을 어떻게 받아들이고 있는지 살펴볼 것이다.

2. 근거기반실천에 대한 사회복지계의 세분화된 반응

근거기반실천이란 용어가 사회복지 문헌에 처음 등장한 것은 1999년 에일린 갬브릴(Eileen Gambrill)의 논문[10)]을 통해서였다. 1997년 한 심포지엄에서 했던 자신의 연설 내용을 보강한 논문을 발표하였다[11)].

---

10) Gambrill, E.(1999). Evidence-based practice: an alternative to authority-based practice. Families in Society: *The Journal of Contemporary Human Services*, 80(4), 341-349.

연설과 논문을 통해 갬브릴이 주장한 것은 사회복지실천과 지식 활용의 관계에 대한 것으로서 그녀는 이런 질문을 던지고 있다. “과연 사회복지 교육을 받은 사람이 비전문직이거나 사회복지 교육을 받지 않은 사람보다 더 효과적으로 일을 한다고 말할 수 있는가? 사회복지는 그러한 지식기반을 과연 갖고 있는가?”(Gambrill, 1999, p. 341). 갬브릴은 지식을 추구하는 데 다양한 방법(different ways of knowing)[12]이 있다는 것은 인정하지만 사회복지에 필요한 것은 불확실함을 최대로 줄이면서도 특정성과를 예측할 수 있는 지식이라고 강조했다. 그러한 지식은 체계적으로 엄격하게 수행된 연구를 통해서 나온 결과이며, 사회복지사가 비전문직과 다를 바 없는 것이 아니라면 효과성이 입증된 최선의 과학적 근거를 실천에 활용할 줄 알아야 한다고 주장하였다.

과학적 연구결과를 활용하는 실천을 종용하면서 등장한 근거기반실천에 대해 사회복지계는 여러 뒤섞인 반응을 보이는데, 크게 세 가지 차원의 반응으로 정리할 수 있다. 열렬히 옹호하고 환호하는 입장과 의심과 저항, 반대를 분명하게 보이는 입장, 그리고 근거기반실천

---

11) 연설 제목은 “Thinking about knowledge and how to get it”으로서 1997년 오하이오 주립 대학교 사회복지대학원의 The 9th Symposium on Doctoral Research에서 전달되었다.

12) 갬브릴은 앤 하트만(Ann Hartman)의 주장에 이의를 제기하는 것으로 보이기도 한다. 다른 사회과학계에서처럼 서구 사회복지학계도 실증주의적 인식론에 대한 비판과 함께 다양한 인식론의 필요성이 논의되었었다. 그것이 마치 양적 연구방법과 질적 연구방법론 간의 전쟁으로 비춰지기도 했었으며, 인식론적 전쟁(epistemological debate)으로 불릴 만큼 인식론과 방법론에 대한 논의가 활발했었다. 사회복지계의 대표 학술지인 *Social Work*의 편집장이었던 앤 하트만(Ann Hartman)은 사회복지실천을 위해서 다양한 종류의 지식이 필요하다는 것을 인정한다면 이런 소모적인 ‘전쟁’으로 더 이상 무의미하게 힘을 빼지 말고 ‘앎을 추구하는 다양한 많은 방법들’을 받아들이는 태도가 필요하다고 말했다. 그녀의 메시지가 담긴 원문은 다음과 같다: Hartman, A.(1990). Many ways of knowing. *Social Work*, 35(1), 3-4.

의 정신을 받아들이지만 사회복지에 보다 적합하게 수정이 필요하다는 입장이 있다. 사회복지뿐 아니라 의학·간호학·교육학 등에서도 근거기반실천에 대한 평가는 엇갈린다. 1장에서 살펴본 것처럼, 중요한 진보라는 평을 받기도 하지만 전문가의 자유를 침해하는 '요리책(cookbook recipe)식 실천'을 종용하는 것이라는 비난을 받기도 한다. 분명한 것은 사회복지 개입을 하는 방법에 그동안 많은 변화와 발전이 있어 왔지만(2장 1절에서 살펴봤던 대로 정신역동치료, 단일사례설계 도입 등), 뮬렌과 스트라이너(Mullen & Streiner, 2004)가 지적했듯이, 근거기반실천의 도입 때만큼 커다란 논쟁을 불러일으키는 것도 없다. 사회복지계에서 근거기반실천을 어떻게 받아들이고 있는가를 세 가지 입장으로 나누어 살펴보고자 한다.

1) 근거기반실천을 옹호하는 입장

다음과 같은 질문에 대해 생각해보자. 두 가지 종류의 근거가 있다: ① 비록 엄격한 연구 설계를 통해 검증받은 것은 아니지만 오랫동안 여러 사람들이 사용하는 방법, 그리고 ② 실험설계 연구를 통해 나온 결과와 같이 과학적으로 검증되고 정리된 지식.

- 첫 번째 질문: 만약 건강상의 문제로 병원을 찾았을 때 담당 의사가 두 가지 종류 중 어떤 근거를 바탕으로 당신을 진료하기 바라는가?
- 두 번째 질문: 사회복지사인 당신은 두 가지 종류의 근거 중에서 주로 어떤 근거를 활용하여 실천에 임하는가?
- 세 번째 질문: 사회복지사인 당신이 만약 완벽하게 이상적인 실천

을 할 수 있는 상황이라면, 클라이언트 문제 해결을 위해 두 가지 종류 중 어떤 근거를 바탕으로 의사결정을 내리겠는가?

이 질문은 갬브릴과 깁스(Gambrill & Gibbs, 2002)가 사회복지사와 사회복지 학생들을 대상으로 의사결정에 관한 설문조사를 하면서 물어본 질문들이다. 207명의 응답을 분석한 결과, 의사에게는 과학적 근거를 활용한 진료를 원하는 반면, 실제 사회복지실천에서는 그렇지 않다는 응답이 훨씬 우세했으며, 만약 이상적인 실천 상황이라면 과학적 근거를 활용하겠다는 응답들이 나왔다. 이런 결과에 대해 갬브릴과 깁스는 "what's good for the goose is not viewed as good for the gander[13](어떤 이에게는 좋다고 하면서 다른 이에게는 그렇다고 보지 않는)"(2002, p. 39) 현상이라고 지적하며, 사회복지사는 의사에게 요구하는 전문적 기준보다 낮은 수준으로 일을 하면서 만족하는지, 그리고 사회복지가 충분히 높은 수준의 서비스 기준을 갖고 있는지를 물었다. 나아가 사회복지가 근거를 기반으로 한 의사결정을 하면서 다른 전문직과 같은 수준의 기준으로 일을 해야 한다고 주장하였다.

갬브릴(Gambrill, 1999, 2003)은 사회복지사의 근거 활용이 저조한 이유를 과학이 아닌 권위에 의존하는 경향 때문이라고 지적하였다. 예를 들면, 다른 사람의 의견, 권위자가 선포하는 것, 테스트되지 않은 직관, 일화적인 경험, 입증되지 않은 경험, 유행을 타는 것 등이 그 예이다. 그 외의 근거기반실천의 옹호자들도 그동안 사회복지계의 과학화 노력들이 큰 결실을 맺은 것은 아니라고 보고 있다. 이에 따라 과학적인 방식으로 효과성이 증명되지 않은 개입을 선택하거나,

13) "What's good for the goose is good for the gander"라는 속담을 변형한 문장으로 보인다(저자 주).

프로그램을 제대로 실행하지 못하거나, 평가를 제대로 수행하지 못한다고 본다(Brownson, Baker, Leet, & Gillespie, 2003). 또한, 사회복지사들이 학술지의 논문을 거의 참고하지 않는 것(Rosen, Proctor, & Staudt, 1999), 연구 활용을 거의 안 하는 것(Jenson, 2005; Fraser, 2004), 그리고 개입 연구 결과가 거의 없다시피 한 것(Fraser, 2004; Rosen, Proctor, & Staudt, 1999)은 사회복지가 근거보다는 권위에 기반을 둔 실천을 하기 때문이라고 보았다. 권위를 기반으로 하는 실천은 근거가 불확실한 만큼 불투명하고 명확하지 않을 뿐 아니라 비윤리적이라고 지적한다. 심지어 근거기반식의 실천을 하지 않는 것은 문제의 본질과 원인, 그리고 해결방법에 대해 사회복지사가 허위 과장 선전(propaganda)을 하는 것과 다름없다고 강하게 비판한다. 제대로 된 근거를 바탕으로 하는 경우가 아니라면 클라이언트에게 잘못된 정보를 제공할 수 있고, 더 나은 대안을 보여주지 않는 실수를 범하거나, 주장을 뒷받침하는 근거가 희박함에도 효과적일 것이라고 예상하는 등 허위 과장되고 비윤리적인 실천이 될 확률이 높다는 것이다(Gambrill, 2003, 2010). 전문가의 권위를 내세우는 대신, 알면 아는 만큼, 그리고 모르는 것은 모른다고 정직하게 밝히는 투명함이 필요한데, 근거기반실천이 유익한 것은 실천가가 투명하고 윤리적인 방식으로 개입하게 도와주는 방법이라는 것이다. 제대로 된 지식을 활용하여 실천한다는 것은 사회정의의 이슈이기도 하다(Gambrill, 2008). 왜냐하면 클라이언트는 최선의 서비스를 제공받을 권리가 있고, 제공되는 서비스가 가져올 결과, 즉 특정 개입이 클라이언트의 목표 달성에 얼마만큼의 도움이 되는 것인지에 대해 정직한 정보를 받을 권리가 있기 때문이다.

옹호자들에 의하면, 근거기반실천은 실천가에게 평생학습의 장을 제공한다. 사회복지사가 계속해서 최근의(up-to-date) 근거를 찾고 비평적 종합 기술을 습득하며 투명하게 개입을 하는 학습을 하기 때문이다. 또한, 근거기반실천은 클라이언트를 위해 더 효과적인 개입의 결과를 만들어 내는 방법이자 연구와 실천 간의 간극을 좁혀서 개입에 활용할 지식기반을 강화하는 방법이다(Gambrill, 2006b; Soydan, 2007). 따라서 근거기반실천은 사회복지사와 클라이언트 모두를 역량 강화하는 방법이다. 근거기반실천을 통해 사회복지사는 평생 학습자로서 관련 연구결과를 활용하여 제대로 된 실천을 할 수 있으며, 클라이언트는 고지된 참여자(informed participant)로서 자신의 문제 해결 과정에 동참할 수 있기 때문이다(Gibbs & Gambrill, 2002). 사회복지계에 소개된 근거기반실천의 정의는 이와 같은 특성을 담고 있다. 근거기반실천이란 클라이언트의 문제를 다루는 개입과정에서 보다 효과적이고 최선의 의사결정을 하기 위한 철학이자 과정으로 과학적 연구의 평가와 실천의 적용에서 사회복지사가 최선의 근거들을 찾는 방법을 숙지하고 자신의 임상적 판단과 클라이언트의 상황과 기호를 고려하여 실천에 적용하는 방법이다(Gambrill, 2006, 2007; Mullen & Streiner, 2004; Shlonsky & Stern, 2007; 김유진, 2007b, p. 3에서 재인용). 우리나라에 근거기반실천이 소개된 맥락도 이와 같은 필요성과 유익성 수준에서 논의되고 있다(공계순 · 서인해, 2005; 김영미 · 박미진, 2007; 김유진, 2007a, 2007b, 2008; 박정임, 2012; 황성동, 2011).

미네소타 대학의 사회복지 교수인 길건(Jane Gilgun)은 영국의 사회서비스와 간호 · 의학 영역에서 근거기반식으로 일하는 것을 직 · 간접적으로 경험한 다음 미국 사회복지계에서도 근거기반식으로 실천할 때 여러 가지 이점이 있을 것이라고 주장했다(Gilgun, 2005). 앞에서 갬브릴이 정리한 것에 덧붙여 다음과 같은 유익함이 있다고 보았다. 근거기반실천으로 인해 실천 관련 연구 활동이 더 활발해질 것이고, 전문가뿐 아니라 일반인들도 연구 결과 고찰을 접할 기회가 확장될 것이다(Gilgun, 2005). 길건은 근거기반식 실천이 실천가들에게 클라이언트와 자신의 실천에 대해 숙고하는 반성의 기회를 제공하는 것이라고 이해하며, 실천가의 전문지식과 판단력 향상을 위한 노력을 강조하였다. 그녀는 최선의 근거 활용에 초점을 두기보다는 실천에 임하는 태도와 실천가의 반성 능력을 강화하는 방법으로 근거기반실천을 이해한 것으로 보인다.

근거기반실천 옹호자들은 근거기반실천의 필요성을 강조하면서 근거에 기반을 둔 의사결정을 하지 않으면 제대로 된 서비스를 제공한다고 볼 수 없다고 단언한다(Gambrill, 2003; Gibbs & Gambrill, 2002; MacDonald, 1999; Sheldon, 2001; Sheldon & MacDonald, 1999). 따라서 사회복지사는 제대로 된 근거를 찾고, 종합하여, 실천에 적용하는 능력을 길러야만 한다고 강조한다. 그리고 효과적인 프로그램 또는 정책을 선택하고, 실행하며, 평가하는 방법도 향상시켜야 한다고 주장한다(Brownson, Baker, Leet, & Gillespie, 2003).

극단적인 표현을 써가며 근거기반실천을 옹호하는 학자도 있다. Virginia Commonwealth 대학교의 스터즈(David Stoesz) 교수는 한 책의 서평[14]에서 자신은 근거기반실천 지지자로서 그동안의 사회복지실천은 이성적으로 말이 되는 것은 거의 없다며 신랄하게 비난하였다. 스터즈(2010)는 근거기반실천은 사회복지의 비과학적 활동들, 예를 들어 인본주의적인 태도로 '좋은 게 좋은 것이다, 안하는 것보다 하는 게 낫다'는 식의 태도, 또는 아무리 봐도 과학적이라고 보기 힘

14) 근거기반실천을 비평한 Gray, Plath, 그리고 Webb의 2009년 저서인 *Evidence-based social work: a critical stance*에 대한 서평이 *Research on Social Work Practice*(2010년, 20(3), pp. 329-332)에 실렸다.

든 정신역동치료나 포스트모더니즘 등에 일침을 가하였다. 그에 의하면, 그동안의 사회복지실천은 과학적 근거의 부재 속에 좋은 의도를 가지고 행한 활동에 불과하다. 게다가 무책임하고 무지하기까지 하다. 스터즈(2010)는 그렇게 언급하는 이유를 다음과 같이 정리했다. 먼저, 사회복지는 사회적 신임을 받는 일임에도 불구하고, 사회적 투자를 한 만큼 제대로 일을 하고 있는지 보여주지 못하고 있다. 그동안의 활동에 대한 근거를 생산하는데 너무나 무심하고 무지한 관계로 서비스 제공에 드는 비용과 자원 등에 관한 연구를 제대로 안 함으로써 다른 학문(예, 공공행정 등)과 비교하여 경쟁력이 떨어진다. 일반 국민이 사회서비스에 대해 갖고 있는 인식에 대한 연구도 없는 관계로 정부가 사회복지 예산을 삭감한다고 할 때에도 반박할 근거도 제대로 제시하지 못한다. 말로는 소비자-이용자 중심이라고 말하면서도, 클라이언트의 서비스 인식과 경험에 대한 연구도 거의 없다. 실천가 역량강화도 마찬가지로 말로만 부르짖는 형편이다. 스터즈는 이런 문제들을 시정하기 위해서라도 근거기반실천이 필요하다고 강하게 주장한다.

다른 옹호자들은 스터즈보다 훨씬 부드럽게 표현하지만 사회복지가 근거기반식 실천을 받아들이지 않으면 큰 손해이며(Soydan, 2012), 전문적 타당성을 잃게 될 것이라고 우려하는 것은 비슷하다(Bellamy, Bledsoe, & Traube, 2006; Drisko & Grady, 2013; McNeil, 2006). 그리고 근거기반실천의 운동이 성공적이길 바라는 마음이지만 근거기반실천에 대한 열정이 사그라질 수 있다고 경고하는 학자도 있다. 노학자인 루빈(Allen Rubin)은 프로그램 평가가 중요해지던 1960~70년대도 최근의 근거기반실천 열풍만큼이나 뜨거운 분위기였다고 회고하면서 그것이 어떻게 흐지부지됐는가를 전해준다. 루빈에 의하면, 그 당시 사회복지사들은 드디어 '책무성의 시대'가 도래했다며 흥분과 중압감을 동시에 느꼈었지만 제대로 된 평가를 하기보다는 자원 제공처에 보여주기 위한 평가 작업에 그쳤었다(Rubin & Parrish, 2012). 근거기반실천은 실천 평가를 위해 단일사례설계 활용을 촉구했던 이전보다 더욱 더 실천가들의 시간과 노력, 기술을 요구하기 때문에 실천가들이 근거기반실천운동에 동참하지 않는 한 최근의 열기는 수그러들 수 있다고 경고하였다(Rubin & Parrish, 2012).

열렬한 옹호 입장은 아니더라도 사회복지실천이 이루어지는 현실의 상황에 비추어 볼 때, 근거기반실천을 받아들이지 않으면 안 된다고 걱정하는 목소리들도 있다. 예를 들어, 와이즈만(Weismann et al., 2006)은 근거기반실천에 대한 교육을 제대로 받지 않고 졸업하는 것이 결국 다학제적 세팅에서 일하는 사회복지사에게 부정적 결과로 나타나고 있다고 지적하였다. 지역사회 병원 관계자들을 대상으로 한 설문조사가 이런 걱정이 현실이라는 것을 뒷받침한다. 의사, 간호사, 물리치료사, 작업치료사, 영양사, 사회복지사를 포함한 병원 종사자 중에서 사회복지사가 근거기반실천에 대한 이해, 지식, 기술이 모두 제일 부족하다고 본다는 결과가 그것이다(Murphy & McDonald, 2004). 근거기반실천에 대한 지식 부족으로 사회복지사 스스로도 일터에서 어려움을 겪고 있다고 보고하며, 주위에서 '사회복지실천의 타당성'을 의심한다고 느끼고, 유능하지 못할 뿐 아니라, 전문직으로서 존중받지 못한다고 응답하였다(Murphy & McDonald, 2004). 사회복지사는 다른 정신보건 전문가들과 비교할 때 근거기반실천을 받아들이는 속도가 늦으며, 근거기반실천에 대한 교육과 훈련이 제대로 되고 있지 않다고 걱정하였다(Brekke et al., 2007; Weismann et al., 2006; Thyer, 2008). 사회복지실천이 대부분 다학제적으로 이루어지는 것에 비추어

볼 때, 이것은 단순한 기우가 아니다.

근거기반실천 옹호자들은 전문가의 의견이 아닌 효과성이 입증된 최선의 근거를 바탕으로 개입할 것을 촉구하며, 사회복지계에 근거기반실천을 장려하기 위한 구체적인 활동(예, 사회복지 교과과정 변경, Campbell의 체계적 고찰 활용, Evidence-based clearing house을 비롯한 조직과 협회 활성화 등)[15]을 매우 강조한다. 그 시작이 그러한 만큼 근거기반실천이 주로 임상 실천에서만 가능하다는 인식을 바꾸기 위해 지역사회 차원, 매크로(macro) 차원의 실천에서도 같은 과정을 거쳐 실천의 의사결정을 하는 내용을 소개하기도 한다(Roberts-DeGennaro, 2008; Thyer, 2008). 그렇지만, 근거기반실천의 옹호자들은 1장에서 살펴보았던 근거기반실천의 실체에 대해서는 언급하지 않으며, 그와 같은 사회정치적 맥락에는 눈을 감은 듯한 인상을 준다.

2) 근거기반실천에 우려의 시선을 보내는 입장

효과적이고 윤리적인 서비스를 제공하는 것에 반대할 사회복지사는 없을 것이다. 그런데 왜 근거기반실천을 비판하며 반대하는 의견이 있는 것일까? 먼저 1장에서 살펴봤던 대로 근거기반실천을 둘러싼 인식론 논쟁을 들 수 있다. 근거기반실천을 옹호하는 입장이 주로 북미 지역의 학자들에게서 나온다면 유럽의 학자들은 근거기반실천의 저변에 깔린 인식론에 대해 지적한다. 근거기반실천을 반대하는 입장에서는 사회복지가 다차원적이고 복잡한 활동인데 반해 근거기반실천은 환원주의적이고 기계적이며, 편협한 사고체계라고 본다 (Epstein, 2009; Gray & McDonald, 2008; Gray, Plath & Webb, 2009;

15) 이것에 관한 내용은 3장에서 구체적으로 살펴볼 것이다.

Morago, 2006; Otto, Polutta, & Ziegler, 2009). 문제와 상황을 지나치게 단순하게 보는 근거기반실천은 현실 세계의 삶과 동떨어진 이야기를 하고 있으며, 측정할 수 있는 행동의 변화에 초점을 맞추는 경향 또한 사회복지의 가치와 맞지 않다고 본다(Cnaan & Dichter, 2008; Gray & McDonald, 2006). 이에 따라, 과연 근거기반실천의 원칙이 의학이 아닌 사회복지실천에서 가능한지에 대해 의문을 제기한다.

예를 들어 근거기반실천에서는 실험설계에서 나온 연구결과를 최선의 근거로 선호하며, 실천에 적용할 것을 강조한다. 이에 대해 의문을 제기하는 입장에서는 실험설계연구가 다른 영향 요소들을 배제하고 개입의 효과를 평가하는 방법이기 때문에(Sheldon, 2001), 의학의 치료와 달리 복잡하고 다측면적인 사회복지에서도 과연 활용성이 높은 지식을 만들어 낼 방법인지에 대해 지적한다(Trinder, 2000). 보통 약물과 수술 치료에서 환자는 치료의 수동적인 대상자인 것과 달리 전형적인 사회복지 상황은 개입의 대상뿐 아니라 개입이 이루어지는 맥락도 다차원적이기에 개입의 결과를 예측하는 것은 심히 어렵기 때문이다(Otto, Polutta, & Ziegler, 2009; Rahman & Applebaum, 2010; Trinder, 2000). 사회복지현장은 임상 실험에서처럼 프로토콜이나 매뉴얼대로 매끄럽고 순조롭게 진행될 것이라고 기대할 수 없다(Morago, 2006; Nelson et al., 2006). (사회복지 관련 이슈는) 애매모호한 경향이 있기 때문에 해석적인 설명이 필요하다. 각각의 상황과 조건이 다르기 때문에 엄격한 측정에서 나온 결과를 그대로 사용한다는 생각은 어울리지 않는다(Noordegraaf & Tineke, 2003, p. 853). 근거기반실천이 간과하는 것은 사회복지는 팀접근, 다학제적으로 이루어지며 클라이언트가 때때로 동시에 다양한 서비스들 받는 경우가 있어 원인과 결과 관계를 따지기 어려운 속성을 지니고 있다는 것이다(Gitterman &

Knight, 2013). 또한 실험설계연구는 인과 관계에 대한 설명일 뿐 보편적으로 적용될 지식으로 보기에는 큰 무리가 따르며, 사회적 개입이 여러 다른 결과를 만들어 내는 메커니즘을 밝혀내지는 못한다(Trinder, 2000). 무엇보다 근거기반실천 옹호자들이 주장하는 것처럼 실험연구 결과를 적용했을 때 사회복지실천이 더 윤리적이고, 더 합리적이며, 덜 권위적이라는 근거는 아직 나오지 않고 있다(Denvall, 2008). 근거기반실천으로 인해 클라이언트에게 유익한 것이 더해졌다거나 실천에 연구를 활용하면서 무엇이 얼마나 달라졌나를 보여주는 근거도 거의 없다(Bergmark, Bergmark, & Lundstrom, 2012). 이들은 덧붙여 주장하기를, 사회복지 이슈들은 모호한 경향이 있어 근거를 찾으려고 할수록 혼동이 가중될 수 있다(Denval, 2008). 따라서 근거기반실천을 반대하는 입장에서는 사회복지실천에는 근거기반실천의 실제적 가치가 한정적이라고 본다.

게다가 의학에서도 근거기반실천이 개별 환자의 욕구를 무시하며(Gupta, 2011), 건강과 질병에 영향을 미치는 다양한 요소들에 주의를 기울이지 않는 점을 한계로 들어 근거기반실천에 대해 제고하며(Avis & Freshwater, 2006; Devisch & Murray, 2009; Kumar, Grimmer-Sommers, & Hughes, 2010; Sestini, 2011), 생태체계적인 관점의 필요성을 강구하는 때에 사회복지가 또 다시 의학적 교리(tenets)에 의존하는 것이 의아스럽다고 평한다(Baines, 2006; Gitterman & Knight, 2013). 근거기반실천은 개별 클라이언트 개입에 초점을 맞추다 보니 사회구조적 문제에는 신경 쓰지 않고 개인의 부족함을 찾는 경향이 있다. 마찬가지로 클라이언트의 강점과 복원력에도 별로 주의를 기울이지 않는다(Drisko & Grady, 2013). 웹(Webb, 2001)은 근거기반실천은 합리적인 것을 추구하는 정보처리(information processing) 모형으로서 복잡한 맥락을 배제하며 결정론적인 시각을 종용하는 것으로 보았다.

신자유주의 시대에 대부분의 전문직은 책무성을 실현하는 방법으로서 근거기반실천을 채택하고 있다. 사회복지계도 역시 이러한 다학제적인 움직임에 자신을 맞추고자 애쓰는 것이며, 나아가 근거기반실천을 통해 오랫동안의 숙원인 과학적 실천을 신장시키려는 바람을 갖고 있다고 본다. 가능한 한 객관적이고 보편적이며 확실한 답을 찾고자 하는 것인데, 여기서 다음과 같은 주장을 되새겨볼 필요가 있다. 벨기에의 사회복지학자인 루스와 동료들(Roose, Roets, & Bouverne-De Bie, 2012)은 사회복지의 특성으로 모호함을 꼽고 있다. 이들에 의하면, 사회복지는 온정적인 면과 통제적인 측면이 공존하는 사회적 활동이기 때문에 어쩔 수 없이 확실한 정답을 찾기란 어렵다. 사회복지의 모호성·불확실성을 전문직에 대한 위협이 아니라 기회로 보고, 사회정의와 관련된 지식기반을 형성하여, 사회복지의 비전을 발전시켜 나가야 하는데 사회복지는 그렇지를 못하고 있다. 오히려 사회문제를 해결한다는 목적으로 효율성과 효과성만 강조하다보니 사회복지실천상의 불확실함이 더욱 더 문제로 비춰지는 것이다. 루스와 동료들에 의하면, 최근의 서구 사회복지계는 모호성을 벗어나려고 근거기반실천을 받아들이다 보니 거의 무방비적으로 관료주의의 통제 아래 놓이게 되었다[16](Roose, Roets, & Bouverne-De Bie, 2012).

---

16) 그리스 신화에 나오는 시시포스의 신화를 통해 사회복지의 과학화 노력을 비유적으로 표현하였다. 알베르 까뮈(Albert Camus)의 에세이 『시시포스의 신화(*Myth of Sisyphus*)』로도 유명한 시시포스는 신의 형벌을 받아 끊임없이 굴러 떨어지는 바위를 산 정상으로 굴려 올리는 일을 반복한다. 의미를 찾으려는 인간의 헛된 노력 또는 끊임없이 같은 일을 반복하지만 결실을 맺지 못하는 상황을 비유적으로 묘사하는 내용이다. 루스와 동료들(Roose, Roets, & Bouverne-De Bie, 2012)은 복잡성과 모호함의 이중주(the irony of complexity and ambiguity of social work)를 사회복지의 필수적 요소로 받아들이지 못하고 근거기반실천을 통해 불확

사회복지의 근본적인 딜레마를 근거기반실천을 통해 해결할 수 있는 건 아니라며 근거기반실천 옹호자들의 주장을 반박하는 경우도 있다. 근거기반실천이 윤리적 책무성을 강조하지만, 윤리성을 따지자면 사회복지가 근본적으로 가부장적·통제적 기능을 담당하는 것부터 생각해봐야 한다고 지적하는 것이다. 근거기반실천의 창시자의 의도는 아닐지 몰라도, 역설적이게도 근거기반식의 실천이 비윤리적인 일이 될 수 있다고 본다. 근거기반실천에서 선호하는 방법들, 즉 문제해결을 위한 과학적이고 합리적인 방법이라고 선전하는 개입방법들이 대부분 개개인의 태도나 행동을 변화시키는 것을 목적으로 하기 때문이다. 한마디로 근거기반실천은 최선의 과학적 근거를 바탕으로 '인간개조 기술(people-changing technology)'을 만들어내는 것과 다를 바가 없다(Otto & Ziegler, 2006, p. 106)고 보기도 한다. 개입을 통해 클라이언트의 '기능'을 변화시킨다는 목적을 가진 근거기반실천은 사회적 사건들을 '과학적인' 방식으로 다루는 것이며, 사회정책과 사회복지실천을 과학적 기술의 행사로 전락시키는 것에 불과하다(Nothdurfter & Lorenz, 2010; Otto & Ziegler, 2006; Webb, 2006)고 지적한다.

실천 현장에서 이루어지는 근거기반실천의 현황을 보면 새킷(Sackett et al., 1996)이나 갬브릴(Gambrill, 2002, 2003)이 주장하는 식으로 이루어지지 않고 있다. 근거기반실천이 의사결정 모델로 사용되기보다는 '효과적이라고 검증된 근거기반실천방법들(evidence-based practices)'을

실성을 줄이려는 세태를 시시포스의 헛된 노력 같은 것이라고 빗대어 표현하였다. 원문의 출처는 다음과 같다. Roose, R., Roets, G., Bouverne-De Bie, M.(2012). Irony and social work: in search of the happy Sisyphus. *British Journal of Social Work*, 42, 1592-1607.

활용하는 식이다. 개별 실천가들이 근거기반실천의 다섯 또는 일곱 단계를 모두 거치며 의사결정을 하는 경우는 매우 드물고(Gray, Plath, & Webb, 2009; Walker et al., 2007), 대신에 효과성이 입증된 개입 목록을 활용하는 것이다. 옹호자들이 주장하듯 클라이언트의 개별성을 고려하며 윤리적이고 투명한 실천이자, 실천가의 비평적 사고능력을 향상시키고, 클라이언트와 실천가 모두 역량 강화되는 것과는 거리가 먼 것이다(Horton & Hawkins, 2010). 근거기반실천은 학자들에 의해 이론적 차원에서 소개되었고, 실제로 적용한 예는 드물다. 근거기반실천을 옹호하는 사람들은 현장의 생리는 잘 모르고 연구자 입장에서 이야기한다고 지적한다(McNeil, 2006). 근거기반실천은 전문적인 지식기반을 만들어 내는 소수 연구자의 권위를 높이며, 실천가는 실험실에서 이루어진 시범적인 실험 결과를 소극적으로 적용하는 사람에 불과하게 만든다. 나아가 피상적이며 얄팍한 지식 활용을 부추기는 것이라고 본다(Otto, Polutta, & Zieglar, 2009).

보다 실질적인 측면에서 근거기반실천을 비판하기도 한다. 사회복지에 근거기반실천이 제대로 실행되기에는 물질적·조직적 장애가 있다는 것이다. 근거기반실천의 열렬 옹호자들도 인정하는 것으로 전자도서관 활용 지원 부족, 과다한 업무, 비평적으로 자료를 찾고 분석하는 지식 및 기술의 부족이 사회복지계에 근거기반실천 원칙이 실현되는 데 걸림돌이 되고 있다(Gambrill, 2003; Proctor et al., 2007; Sheldon & MacDonald, 1999). 사회복지사들이 근거기반실천을 두 팔 벌려 환영하지 않는 또 다른 이유는 연구 활용에 대한 것이다. 실천에 활용할 결과를 찾기 어렵거나, 연구 결과를 이해하고 평가하는 것도 어렵다(Bellamy et al., 2008; Proctor et al., 2007). 대부분의 경험적 연구 논문들은 연구자를 위한 것이지 실천가용이라고 보기 어렵다

(Bellamy, Bledsoe, & Traube, 2006; Yunong & Fengzhi, 2009). 캠벨연합을 비롯한 정보센터(clearing house)에서 제공하는 체계적 고찰들도 평이한 수준으로 작성됐다고 하지만 여전히 익숙지 않은 통계 결과를 해석하기는 난감하다. 거의 모든 체계적 고찰은 영어권에서 영어로 쓰이기 때문에 비영어권 실천가들의 활용을 기대하기는 어렵다. 그런데 이러한 어려움은 사회복지계만 겪는 것은 아니다. 근거기반실천이 자리 잡은 의학에서도 이런 문제를 공통적으로 겪고 있다(Straus & McAlister, 2000).

근거기반실천을 우려하는 입장에서는 근거기반실천을 통해 실천 현장의 권력 구조가 재편되어 가는 것을 걱정한다. 1장에서 살펴본 것처럼, 특히 정신건강 분야에서는 보험회사가 설정한 기준에 맞는 개입을 해야만 보험 수가를 받을 수 있는 구조 속에서 보통 인지행동치료가 근거기반실천과 동의어로 통하고 있다(Lord & Judice, 2012). 이러한 현실에 불편한 시선을 보내며, '근거기반실천의 르네상스'는 보건의료 및 사회서비스를 통제하려는 꼼수를 감춘 채 책무성과 전문성 향상이라는 그럴듯한 탈을 쓰고 꼼수를 부리는 것이라고 신랄하게 비판하는 학자들도 있다(Gray, Plath, & Webb, 2009; Webb, 2001). 실천 현장에서도 점점 더 관료적인 세팅이 되어 가는 것에 대한 두려움으로 근거기반실천에 대해 거부감을 보이기도 한다(Morago, 2006; Oxman & Flottorp, 2001; Sheldon & MacDonald, 1999).

근거기반실천을 받아들이는 현장의 실천가와 정책가의 입장의 차이를 보여주는 사례가 있다. 근거기반실천의 주요 옹호자 중에 한 명인 할룩 소이단(Haluk Soydan) 박사는 스웨덴 태생으로 현재 미국에 거주하며 근거기반실천과 관련된 활동을 활발하게 하고 있다. 미국 내뿐 아니라 모국인 스웨덴에서도 근거기반식 사회복지를 위해 활발한 활동을 펼치며 스톡홀름에 '근거기반사회복지 국가연구소(National Institute for Evidence-Based Social Work, IMS)를 설립하는 데 앞장섰다. 근거기반식으로 사회서비스를 제공한다는 목적을 가지고 몇몇의 주요 인사들과 정부 주도 하에 상의하달식(top-down)으로 사회서비스 연구 활용과 평가를 주관하도록 하였다. 이 같은 상황을 소개하는 두 편의 논문이 있는데 같은 상황을 다른 시각으로 전달하고 있다. 먼저 소이단과 동료들의 논문(2010)에서는 스웨덴은 정치적 협의 과정을 통해 근거기반실천이 시작되었고, 현재 과학적 근거를 기반으로 한 사회서비스 정책과 서비스가 운영되고 있다는 이야기를 전해준다(Sundell, Soydan, Tengvald, & Anttila, 2010). 반면, 스웨덴의 교수인 버그마크와 동료들(Bergmark, Bergmark, & Lundstrom, 2012)은 이 같은 상황을 다음과 같이 정리하고 있다. 근거기반실천은 스웨덴에 정치적 홍보 도구로 이용되며 등장하였다. 클라이언트에게 최상의 개입 서비스를 제공한다는 정치적 슬로건을 가지고 행정 정부가 주도적으로 근거기반실천으로의 변화를 이끌었는데 실천가들의 저항과 반대를 줄이고자 로비스트의 압력이 있었다고 한다. 사회복지사들로 하여금 보다 성과주의식 결과를 내도록 압박하며, 프로그램 예산 배정을 미끼로 근거기반실천을 채택하지 않을 수 없는 상황으로 몰아갔다는 것이다. 빈약한 근거로 실천 지침을 만들어서 사용해야 하는 압박감도 있었다고 한다. 국가와 사회가 근거기반실천을 너무 강조하다 보니까 스웨덴 사회복지사의 60%는 실제로는 근거기반식 실천을 하지 않지만 정부와 이해관계자에게는 자기네가 근거기반실천을 한다고 보고한다는 결과를 인용하고 있다(Sundell et al., 2008; Bergmark, Bergmark, & Lundstrom, 2012, p. 602에서 재인용). 논문의 저자는 근거기반실천이 잘못 이해된 채 정부 행정에 의해서 주도될 때 어떤 현상이 발생했나 보여주고자 논문을 작성하였다고 소감을 밝히며, 마치 근거기반실천의 애초 목적이 무엇인지를 잊은 것 같은 현실과 관료주의 사회에서 사회복지사의 일이 과연 무엇인지 묻게 되는 상황을 이야기하고 있다(Bergmark, Bergmark, & Lundstrom, 2012).

1970년대 사회복지 실천의 효과성 논쟁을 이끌었던 학자 조엘 피셔(Joel Fischer)는 근거기반실천이 새로운 것이라고 보지 않고 있다. 그는 최근의 저서[17]에서 자신이 삼십여 년 넘게 강조해온 연구기반실천과 근거기반실천이 무엇이 다른지 의문이라고 적었다(Fischer, 2009). 가장 효과적인 개입방법을 찾기 위해 실험설계연구 또는 유사실험설계 연구 결과를 참고하고 단일사례설계를 통해 실천을 평가하도록 하는 것이 근거기반실천이라고 보고 있다. 그런데 그의 신작에 대한 서평에서도 지적하듯이(Steyaerta, Blom,& Nygrenb, Martinez- Brawleyc, Roatchc, & Wódzd, 2011), 피셔는 자신의 업적과 근거기반실천에 관한 내용을 뒤죽박죽 섞어서 기술하여 근거기반실천을 처음 접하는 독자에게는 큰 혼란을 불러올 수도 있다고 본다. 어쨌든 근거기반실천이 새로운 것이 아니라는 지적은 피셔만이 제기하는 것은 아니다. 효과성이 증명된 근거를 가지고 개입하기 위하여 연구와 평가를 중요시하는 것은 그동안 사회복지가 과학적 실천으로서 지향해 온 것이라고 보는 것이다.

근거기반실천을 반대하는 입장을 정리하면 크게 네 가지로서 첫째, 근거기반실천의 인식론적 가정이 사회복지실천에 적합한지에 대한 의문을 가지며, 둘째, 현실적 어려움을 들어 근거기반실천의 실행이 어렵다고 보며, 셋째, 근거기반실천의 애당초 의도가 훼손되고 전문

---

17) Fischer, J.(2009). *Toward evidence-based practice: variations on a theme*. Chicago: Lyceum.

적 활동을 제한하는 결과로 나타나는 현상을 지적하며, 그리고 마지막으로 근거기반실천은 새로운 것이 아니라는 시각으로 정리할 수 있다. 근거기반실천 옹호자들은 이와 같은 비판 또는 반대 의견에 대해 구체적인 근거를 대며 반론하는 대신 근거기반실천에 대해 무지한 나머지 비판한다는 식으로 평가 절하하는 모습을 보인다(Gibbs & Gambrill, 2002). 원래 의도와 다르게 근거기반실천이 받아들여지는 것에 대해 학자들이 새킷(Sackett et al., 1996)의 오리지널 논문을 제대로 읽지 않은 것 같다고 반박하기도 한다(Gambrill, 2008). 그리고 사회복지 지식체계에 대한 회의와 함께, 과학과 사이비과학을 구별하고 사이비과학의 해를 줄이는 방법을 제안한 것인데 그것을 잘못 받아들이고 있다고 지적한다(Gambrill, 2012). 또한, 근거기반실천에 대한 저항과 반대는 '경험적으로 증명된 개입(empirically supported treatments, EST: 두 건 이상의 실험설계식 연구를 통해 효과가 입증된 개입방법)과 혼동해서 그런 것이라고 반박하지만(Thyer & Pignotti, 2011), 앞에서 봤듯이 실제 현황은 그것과 크게 다르지 않은 것 같다.

3) 근거기반실천을 사회복지에 적합하게 수정해야 한다는 입장

근거기반실천에 비판과 회의적인 반응에도 불구하고, 근거기반실천을 무시하는 것은 점점 어려워지고 있다. 사회복지실천 현장은 근거기반실천이 강제적이 되고 있는 상황이다(Lord & Judice, 2012). 근거기반실천이 사회복지실천의 과학화를 이룰 것이라는 기대와 함께(Jenson, 2005), 사회복지교육협의회(Council on Social Work Education, CSWE)와 전미사회복지사협회(National Association of Social Workers, NASW)에서도 사회복지사들로 하여금 근거기반식 실천을 하도록 촉구하고 있다. 사회복지가 계속해서 인정받는 전문직으로 남으려면 근거기반실천의 장점과 한계를 잘 분석하여야 한다고 강조한다(Drisko & Grady, 2013). 사회복지에서 보다 적합한 적용을 위해 여러 가지 대안들이 제안되었는데, 새로운 것이라기보다는 기존 사회복지 문헌에서 다루어졌던 내용을 강조하는 것으로 보인다. 특히, 사회복지 윤리와 가치를 통해 근거를 비평적으로 분석하고, 실천가의 반영적 자질을 강조하는 내용이다.

먼저 '근거기반실천(evidence-based practice)' 용어 중에서 'based'라는 단어를 'informed'라는 단어로 대체해야 한다고 주장하는 의견들이 있다(Atherton, Barratt, & Hodson, 2005; Epstein, 2009; Julian & Proykov, 2012; McNeil, 2006). 'evidence-informed practice[18)]'는 우리말로 번역하는 것이 쉽지 않은데 편의상 직역하여 '근거의 도움을 받는 실천' 또는 '근거를 아는 실천(evidence-informed practice)'이라고 부르려고 한다. 사실 '근거의 도움을 받는 실천'의 내용은 근거기반실천과 거의 동일하다. 다만, 'based'라는 용어는 실천의 의사결정이 순전히 근거에 의해 정해진다는 뉘앙스를 풍긴다는 것에 거부감을 나타내며, 근거에 의해서라기보다는 연구 결과가 개입 결정에 '도움을 준다(informed)'는 의미전달을 하기 위해서 용어를 바꾸어야 한다고 보는 것이다. 근거기반실천의 열렬한 옹호자들도 최근 논문에서는 'evidence-based'라는 용어 대신 'evidence-informed'를 사용하고 있다(Gambrill, 2012; Shlonsky & Ballan, 2012). '근거의 도움을 받는 실

18) 'Evidence-informed'란 용어는 1998년 역시 의학 문헌에서 처음으로 사용되었다. Entwistle, Sheldon, Sowden, 그리고 Watt에 의해 '환자가 관련 근거를 잘 알고 하는 선택(evidence-informed patient choice)'을 표현하고자 사용하였다고 한다. 사회과학 내에서 이 용어가 처음 사용된 것은 교육학 문헌(Hargreaves, 1999)을 통해서이다(Shlonsky & Ballan, 2012, pp. 40-42에서 재인용).

천'은 단지 효과성 근거뿐 아니라 실천 지혜, 이용자의 경험과 인식에 관한 질적 연구 결과의 근거도 중요한 종류의 근거로서 인정한다. 그리고 근거의 위계질서를 강조하기보다는 다양한 종류의 지식을 해석하고 상황에 맞게 활용하는 것을 중요하게 지적한다(Dill & Shera, 2012).

또 다른 대안으로서 '근거-가이드 실천(evidence-guided practice)'을 해야 한다는 입장이 있다, 'guided'라는 용어는 '실천 활동을 촉진하는 데 근거를 활용한다(evidence is used to facilitate professional action)'라는 의미라고 정의하며, 'informed'보다 'guided'가 행동주의적(action-oriented)이라고 강조한다(Gitterman & Knight, 2013). 개별 사회복지사의 실천 스타일을 존중하지만 사회복지사는 이론 및 과학적 근거를 제대로 사용할 줄 알아야 할 뿐 아니라 창의성 · 진정성 · 유연성을 갖출 것을 강조한다. 실천가라면 확실한 이론적 개념틀을 가지고 있고 자기 이해(self-understanding)를 바탕으로 자기 활용(use of self)을 할 줄 알아야 한다고 말한다. 근거가이드실천은 개입 결과에 영향을 미치는 다양한 요소들을 주의 깊게 고려할 것을 강조하며, 실천가의 예술가적 기교(artistry)를 중요한 실천의 요소로 본다. 아무리 유용한 방법이 있어도 결국엔 어떻게 실제 상황에서 적용하고 실행하느냐의 문제는 창의성의 문제이기 때문이다(Bellamy et al., 2008).

그 밖에 실천가의 비평 능력과 반영성, 그리고 윤리적 추론이 그 무엇보다 중요하다고 강조하면서, 근거기반실천의 패러다임에 이어 다음과 같은 것이 차세대 담론으로 등장할 것이라고 예견하는 학자들이 있다. '반영적 실천(reflective practice: Otto, Polutta, & Ziegler, 2009)', '윤리적 사고력(ethical reasoning: Gray & McDonald, 2006)', '다차원적인 근거기반실천(multidimensional evidence-based practice: Petr,

2009)'이 그것이다. 이들의 공통점은 어떤 것이 훌륭한 개입인지는 최선의 과학적 근거가 아니라 도덕적 가치와 윤리에 달려 있다고 주장하는 것이다.

전문적 실천의 기초는 무엇인가에 대한 논쟁은 사회복지 초기부터 있어 왔다. 근거기반실천을 받아들이는 여러 입장들이 전하는 내용은 완전히 새로운 것은 아니다. 단순히 상이한 존재론과 인식론 간의 입장 차이에서 나오는 논의도 아니다. 사회복지 발전 과정에서 지속되어온 사회복지의 근본적인 양면성과 모순에 관한 논의, 그리고 '무엇이 효과적인가?'에 대한 논쟁이 근거기반실천을 둘러싸고 재현되는 것이다(Nothdurfter & Lorenz, 2010). 근거기반실천과 사회복지와의 관계를 단정 짓기는 아직 어렵다고 본다. 옹호자들의 바람대로 근거기반실천을 통해 사회복지가 더욱 공고한 전문직으로 자리매김할지, 아니면 반대 입장이 보는 것처럼, 관료주의 사회의 기계적 활동가로 전락할지는 조금 더 지켜봐야 할 것이다.

3. 근거기반실천 활성화 움직임에 따른 최근 사회복지계 이슈

본 절에서는 근거기반실천의 영향력에 놓인 서구 사회복지계가 최근 논의하는 두 가지 사안을 정리하고자 한다. 첫 번째 사안은 근거기반실천 논의가 활발해지면서 재점화되는 사회복지연구와 지식에 관한 것으로서 실천기반연구(practice-based research)의 필요성과 실천에 필요한 근거의 개념이 확장되고 있는 것이며, 두 번째 사안은 근거기반실천의 활성화를 위한 정보 시스템 구축에 관한 것이다.

1) 사회복지연구와 지식: 실천기반연구의 필요성 및 실천에 필요한 근거 개념의 확장

확고한 지식기반을 구축하는 것은 사회복지계의 오래된 숙원으로 초창기부터 끊임없이 강조되어 왔다(Reid, 1981). 개입에 활용할 객관적인 지식의 확보는 사회복지의 오래된 전문화 프로젝트의 숙원이었다. 동시에 전문화 프로젝트는 항상 합리성과 객관성의 한계에 부딪혔었고, 이런 근본적인 딜레마는 사회복지가 늘 고민하는 부분이다(Nothdurfter & Lorenz, 2010). 그러나 사회복지실천에서 연구와 지식의 역할과 적용을 정의내리기란 쉽지 않고, 사회복지 영역이 다양해지는 만큼 이 문제는 계속 이어질 전망이다(Kirk & Reid, 2002).

사회복지의 과학화를 가속화하기 위해서라도 근거기반실천을 받아들여야 한다고 옹호하는 학자들은 다음과 같은 문제를 제기한다. 조사연구 결과의 실천 활용이 저조한 것뿐 아니라, 사회복지연구기반 지식이 빈약하고, 개입 연구가 거의 없다시피 한 것이 문제이다(Fraser, 2004, 2006; Gambrill, 2006; Jenson, 2005; Rosen, 2003; Rosen, Proctor, & Staudt, 1999). 사회복지의 주요한 과업이 변화를 이끌어내는 것이라면 개입연구는 사회복지의 기본이 되어야 함에도 불구하고 대부분의 연구가 탐색적 차원에서 이루어진 것을 문제시 하는 것이다. 실례로 21세기 이전에 출판된 사회복지연구 경향을 분석한 결과 개입 관련 지식을 다룬 논문은 전체 논문의 7% 정도에 불과하였다(McNeil, 2006). 좀 더 구체적으로 개입 관련 연구물 출판을 선호하는 세 개의 학술지(*Research on Social Work Practice*, *Journal of Social Service Research*, *Social Work Research*)에서 출판한 논문들의 연구 디자인을 분석한 결과, 전체의 82.2% 논문은 비개입 연구이고, 개입의 효과성을 측정하기 위한 연구는 각각 사전사후 비교연구(7.5%), 다중사전사후 비교연구(5.1%), 유사실험설계연구(5.1%), 실험설계 연구(2.3%)로 나타났다(Holosko, 2010). 이에 따라 무엇이 효과적인가에 대한 지식, 즉 실천에 적용할 지식이 아직 많이 알려지지 않았다고 본다(Rosen, 2003).

반면에 사회복지실천에서 연구 활용이 저조한 것이 곧 사회복지 지식 기반이 약하다는 의미는 아니라는 주장도 제기된다(Gray & Schubert, 2013). 과학화를 강조하는 사회복지연구가 얼마나 사회복지 실천의 욕구를 충족하고 있는지를 지적하며, 정작 실천현장은 연구 지식 외에 다양한 유형의 지식을 활용하는데 과학화를 주장하는 연구는 그렇지 않다는 것이다. 예를 들어 사회복지사는 상식(Trevithick, 2008, 2012), 실천 지혜(Dybicz, 2004; O'Sullivan, 2005; Tsang, 2008), 그리고 암묵적 지식(Imre, 1984; Osmond, 2006; Zeira & Rosen, 2000) 등을 활용하는데, 사회복지 문헌에서는 이런 종류의 지식을 비과학적이라 치부하며 이런 종류의 지식을 활용하는 것에 가치를 부여하지 않는 것이 문제라는 주장이다. 실증주의적 연구를 통해 나온 지식이 사회복지에서 다루는 현상들에 대한 적절성이 부족하다고 보는 것이다(Fook, Ryan, & Hawkins, 1996). 또한 실천가들이 사회복지연구의 혜택을 별로 받지 못하는 것은 그동안 실천의 적용면에 관해 연구하지 않은 탓이 크다고 본다. 실천가의 연구 참여도 저조하고, 연구 문제의 선정과 방법면에서도 실천과 동떨어진 연구가 진행됐다는 것이다(Kirk, 1990; Loneck, 1994). 근거기반실천에서 선호하는 근거의 대부분이 실천기반근거(practice-based evidence)가 아닌 것은 아이러니한 상황이 아닐 수 없다. 이와 같은 현상을 사회복지 지식의 위기(knowledge crisis in social work)라고 규정하며, 사회복지연구와 실천 간의 간격이 좁혀지지 않는 한 지식의 위기에서 벗어날 수 없다고 엄중히 경고하기도 한다(Longhofer & Floersch, 2012)[19].

사회복지연구와 지식활용에 대한 상반된 입장을 보면서 다음과 같은 질문을 재차 하게 된다.

- 사회복지연구의 목적과 역할은 무엇인가?
- 사회복지연구는 실천과 관련된 문제해결 지식을 얼마나 발전시키고 있는가?
- 사회복지의 목적은 사회복지연구를 통해 어떻게 이루어질 수 있는가?
- 사회복지연구가 다른 사회과학 연구와 다른 점은 무엇인가?
- 어떤 식으로 사회복지연구를 해야 하는가?

영국의 사회복지학자 이안 쇼(Ian Shaw)는 사회복지연구가 사회복지의 목적을 달성하기 위해서는 다음과 같은 점을 충족해야 한다고 정리하였다. 사회복지연구는 모름지기 사회복지에 대한 이론과 지식을 형성하고 향상하며, 실천의 의사결정에 대한 근거 및 의사결정을 위한 근거를 제공하고, 실천 지혜를 증진하고 살아있는 경험의 질을

19) 2011년 미국과 유럽에서 각각 열린 사회복지학회의 기조연설은 사회복지 지식의 위기에 관한 것이었다. "Society for Social Work and Research"에서는 John Brekke이 "First Annual European Conference for Social Work Research"에서는 Peter Sommerfeld가 기조 연설가로 사회복지 지식의 위기(knowledge crisis in social work)에 대해 강연하였다. 두 사람은 연구 지식이 곧 현장 활용으로 이어진다는 단편적인 사고방식이 문제이며, 사회복지연구와 실천 간의 간격이 좁혀지지 않는 한 지식의 위기에서 벗어날 수 없다고 주장하였다. 또한, 사회복지실천에는 다양한 지식이 필요하다는 견해를 밝히며 실증주의의 관습에서 벗어나 실재적인 연구를 해야만 현 위기에서 벗어날 수 있다고 역설하였다(Longhofer & Floersch, 2012).

강조하며, 사회변화와 사회정의, 그리고 사회 통합을 도모하는 식으로 이루어져야 한다(Shaw, 2007).

사회복지실천에 필요한 지식이란 사정에 필요한 기술적 지식, 클라이언트 문제와 그것에 영향을 미치는 사회·환경적 요소들 간의 관계를 설명하는 설명적 지식, 그리고 개입에 활용할 지식이다(Rosen, Proctor, & Staudt, 1999). 따라서 사회복지연구를 통해 실천에 필요한 근거로서 다음과 같은 지식들이 축적되어야 할 것이다. 첫째, "무엇인가에 대해 개입한다"라는 문장에서 '무엇'으로 사회복지의 개입영역에 대한 것이다. 예를 들어, '무엇'은 '저소득 가정의 아동'에 대한 이해로서 저소득 가정 아동의 실태조사와 욕구조사(전체 일반적인 욕구조사 및 지역적 특성, 개별적 특성이 반영된 욕구조사)를 비롯하여 아동기에 이루어야 할 발달과업들 및 방해요인과 가족 등에 대한 충분한 연구결과가 필요하다. 둘째, "그 무엇을 위해 이것이 필요하다"라는 문장에서 '이것'에 해당하는 것은 저소득 가정 아동과 관련하려 문제해결이 필요한 부분이 파악된 경우, 그것을 해결하기 위한 개입방법에 대한 지식을 뜻한다. 셋째, "어떻게 이것을 하는 것이 좋은가?"라는 문장에서 '어떻게'는 프로그램 기획과 관련된 지식으로 프로그램이 이루어지는 상황과 인적·물적 자원, 이해당사자의 이해관계 등에 대한 사정을 기반으로 프로그램을 계획하는 방법에 대한 것을 이른다. 이와 함께 실천 향상을 위해서는 지역 맥락차원의 지식들도 필요하다. 예를 들어 기관 문화에 대한 지식, 네트워크 구성과 활성화에 대한 지식, 가능한 모든 유형의 이해관계자로부터 얻은 정보, 지역 및 정부 정책에 관한 지식, 그리고 서비스 품질과 회계 감사 및 성과에 대한 지식이 필요하다(Rycroft-Malone, Seers, Titchen, Harvey, Kitson, & McCormack, 2004). 또한, 사회문화와 제도, 사회 구조와 권력의 문제

등도 실천에 필요한 근거란 무엇인가를 정의하는 데에 고려해야 할 요소들이다(Morago, 2006). 이상과 같은 지식은 어떠한 실천현장에서든 효과적인 사회복지실천에 필수적인 정보들이다.

사회복지연구라면 "무엇이 효과적인가? 또는 왜, 어떻게, 어떤 상황에서 효과적인가?"라는 질문을 던지는 것으로는 부족하다. '무엇이 효과적인가?(what works)'라는 질문은 빠른 시간에 최소의 비용으로 원하는 결과를 얻기 위해 하는 질문이다(Humphries, 2003). 사회정의를 실현하는 전문직인 사회복지의 연구는 다음과 같은 질문을 동반해야 한다: "사회복지와 관련된 근거는 누구의 입장에서, 그리고 어떤 목적을 가지고 평가해야 하는가?"(Otto, Polutta, & Ziegler, 2009). 어떤 연구 결과를 해석할지라도 판단이 요구되고, 그 판단은 정치적·도덕적·문화적 요소로부터 전혀 자유롭지 않기 때문이다(Humphries, 2003). 여기서 나아가 생각할 것은 그동안 비과학적이라고 치부되어 온 클라이언트 또는 이용자의 경험에 대한 지식, 그리고 사회복지 제공자가 축적한 지식이 사회복지 지식형성에 제대로 공헌할 지식이란 점을 보여주는 것이다.

"이용자와 실천가는 문제해결 지식을 형성하는 데 어떻게 공헌할 수 있는가?"에 대한 논의는 실천기반 지식(practice-based knowledge)의 필요성에 대한 공감으로 나타나고 있다(Gray & Schubert, 2013; Marsh & Fisher, 2008; Trevithick, 2008). 실천기반 지식[20]이란 사회복지 실천의 관심사를 고려하며 사회복지 지식을 만들어내는 데 실천가의 참여를 촉구하고, 현장에서의 경험과 결과들을 지식화하는 것이다. 실천기반 연구는 실제 현장에서 이용자와 실천가가 접하는 문제와 관련된 것을

20) 이어지는 3장에서 구체적으로 살펴볼 것이다.

다루기 때문에 문제 해결 지식의 발전을 가져올 수 있다고 본다.

실천기반지식의 필요성에 대한 공감은 근거기반실천이 강조하는 근거의 위계질서를 벗어나 근거에 대한 정의가 확장되어야 함을 시사한다. 사회복지실천에는 다양한 유형의 근거가 필요하다는 사실이 다시 조명받게 되었다. 외부(external) 연구 결과 지식뿐 아니라 로컬(local) 근거, 즉 지역사회와 조직에 대한 근거, 이용자에 대한 근거, 실천가에 대한 근거 등 필요한 근거를 정의하는 폭이 넓어지고 있다(Morago, 2006; Mullen & Streiner, 2004). 넓은 개념의 근거를 사용해야 한다는 논의는 사회복지뿐 아니라 다른 학문에서도 진행되고 있다. 실험설계연구의 결과를 위시한 양적 연구를 강조한 것에서 점차 질적 연구의 필요성에 대한 재인식, 그리고 다양한 방법론을 통해 생성된 근거를 활용하는 방법[21]이 모색되고 있다(Berwick, 2008; Greenhalgh, 2010; Palinkas, Aarons, Horwitz, Chamberlain, Hurlburt, & Landsverk, 2011).

2) 근거기반실천 활성화를 위한 정보 시스템 구축

원래 근거기반실천 창시자들은 실천가가 개별적으로 실천에 필요한 최선의 근거를 찾고 평가하는 방식을 의도한 것이었다. 그러나 오리지널 근거기반실천은 고도의 기술과 시간이 요구되는 만큼 원래 의도와는 달리 실천가들이 '재평가된 소스들(reappraised sources)'(Guyatt et al., 2000, p. 955)을 사용하는 식으로 변하고 있다. 예를 들면, 캠벨연합(Campbell Collaboration) 등이 만든 체계적 고찰을 이용하여 실천

21) 이어지는 3장에서 구체적으로 살펴볼 것이다.

에 적용하도록 하는 것이다. 갬브릴(Gambrill) 등의 옹호자들이 여전히 오리지널 근거기반실천을 강조하지만 로젠과 동료들이 지적하는 것처럼(Rose et al., 2003) 개별 실천의 의사결정에 근거기반식의 실천은 잘 진행되지 않고 있다. 그러나 연구 결과 활용은 중요하다. 그렇다면 이것을 어떻게 해결할 수 있는가에 대한 대안으로 등장하는 것이 체계적 고찰의 활용과 실천 지침(practice guideline)[22] 활용을 적극적으로 권고하는 것이다(Proctor & Rosen, 2003; Shlonsky & Ballan, 2012). 의학에서 시작하여 심리학과 사회복지학에서도 논의되고 있는 실천 지침은 체계적 고찰을 비롯한 최선의 연구 결과들과 그 분야 전문가의 권고로 만들어지며 실천가에게 효과적인 개입에 관한 지식을 전파하는 방법으로서 특정한 개입 프로토콜을 제공한다(Proctor & Rosen, 2003). 실천지침을 이용하는 것에 엇갈리는 반응이 있지만(Jenson, 2005; Upshur & Tracy, 2004), 최근 사회복지가 행해지는 현실을 무시할 수가 없다. 연방정부 기관 및 근거기반 클리어링 하우스(evidence-based clearinghouse)에서는 실천지침과 같은 개입 리스트를 배포하여 실천가들이 그것을 활용하여 개입하도록 환경을 조성하고 있다. 예를 들어 약물중독 및 정신건강 서비스국(Substance Abuse and Mental Health Services Administration, SAMHSA)에서는 효과적인 약물문제 치료 프로그램 리스트를 발간하고 있으며(2005년), 폭력예방연구소(Center for the Study and Prevention of Violence, University of Colorado)에서는 폭력예방 청사진(Blueprints for Violence Prevention)을 통해 효과적인 폭력예방 프로그램을 발굴하여 전파하고 있다. 사회복지사로 하여금 '근거 이용자'로서 근거기반식 실천을 하도록 촉구하는 것이다

22) 이어지는 3장에서 구체적으로 살펴볼 것이다.

(Proctor, 2004).

근거기반실천이 논의된 지 20여 년이 지나고 있음에도 불구하고 근거기반식 실행은 아직 제대로 되고 있지 않은 것에 대해서 연구와 실천을 연결 짓는 방식을 제고해야 한다는 주장이 제기되고 있다 (Ubbink, Guyatt, & Vermeulen, 2013). 예를 들어 연구와 실천의 간격을 좁히기 위해서 연구자는 실천 역량(practice literacy)을 키우고 실천가는 연구 역량(research literacy)을 키우는 것(Marsh & Fisher, 2008; Palinkas, Aarons, Chorpita, Hoagwood, Landsverk, & Weisz, 2009), 개입연구를 확대해서 실천 지식기반을 튼튼하게 하는 것(Fraser, 2004; Jenson, 2005), 그리고 연구 결과를 실천에 적용하는 것에 관한 전환 연구(translational research)[23]의 필요성이 제기되고 있다(Palinkas & Soydan, 2012).

이것과 함께 사회복지협회와 기관의 협조 중요성이 강조되고 있다 (Dill & Shera, 2012). 개별 사회복지사들이 필요한 근거를 일일이 찾고 업데이트 하는 것은 무리이기에, 실천가를 위한 웹사이트(practice website) 구축을 통해 조직적이고 체계적인 지지를 구축하는 것이다. 예를 들어 동시대 사회복지 관련 이슈와 연구 동향들을 쉬운 설명과 함께 정기적 뉴스레터 발간에 실어 전달하거나 무료로 사용할 실천 정보 웹사이트를 만드는 것이다. 예를 들어 한양대학교 고령사회연구원이 발간하는 고령사회연구 정보동향(http://ias.hanyang.ac.kr/index.html), 뉴욕대학교의 Gary Holden's Information for Practice(http://ifp.nyu.edu/), 그리고 미네소타의 Minnesota Center for Social Work Research(http://www.cehd.umn.edu/ssw/research/) 등은 최신 연구 동향

---

23) 이어지는 3장에서 구체적으로 살펴볼 것이다.

및 효과적으로 검증된 프로그램의 내용을 정리하여 웹메일을 통해 전파하고 있다.

제3장

근거기반실천의 실행화를 위한 노력들

제 3 장 근거기반실천의 실행화(implementation)를 위한 노력들

본 장에서는 근거기반실천식 사회복지실천의 촉진을 위해 현재 서구 사회복지계에서 진행하고 있는 작업을 실제적인 예를 통해 살펴보고자 한다. 교육, 실천, 연구 파트로 나누어 정리하였다. 먼저 교육 영역에서는 사회복지 교과과정을 통해 예비 사회복지사들에게 근거기반실천을 교육하는 내용을 살펴볼 것이다. 둘째, 실천 영역에서는 사회복지 현장에서 근거기반실천을 실행하며 겪은 어려움들을 정리하고 그에 대한 대책 방안들로 거론되는 것을 살펴볼 것이다. 셋째, 연구 영역에서는 지식 생성만큼 중요한 지식 전파와 전환을 위한 노력들로서 그 중요성이 더해지고 있는 체계적 고찰 및 전환 연구에 관한 동향을 살펴볼 것이다.

1. 교육: 근거기반실천 사회복지 교육 과정의 예

2장 2절에서 살펴본 것처럼, 근거기반실천을 받아들이는 다양한 입장들이 있다. 대부분의 학자가 사회복지 교육자인 것을 감안하면, 자신의 학생들에게 자신의 입장대로 근거기반실천에 관한 것을 가르칠 것을 예상할 수 있다. 실제로 전미 사회복지 교수들을 대상으로 한 근거기반실천에 대한 인식 조사 결과를 보면, 근거기반실천에 우호적인 입장과 비판적으로 받아들이는 입장, 그리고 적대적인 견해들이 존재한다(Rubin & Parrish, 2007). 이와 같은 조사결과는 근거기반실천에 대해 사회복지 교육에서 무엇을 그리고 어떻게 가르쳐야 하는지에 대해 혼동이 있음을 보여준다. 근거기반실천을 효과적인 개입방법을 위한 실천 방법으로 가르칠 수도 있고, 아니면 최근 보건의학계 동향으로서만 소개할 수도 있으며(Bledsoe et al., 2007; Drisko & Grady, 2013), 아예 근거기반실천 내용을 가르치지 않을 수도 있다(Grady et al., 2010).

이런 혼란을 정리할 목적으로 2006년 텍사스 주 오스틴에 위치한 텍사스 주립대학교(University of Texas at Austin)에서 사회복지 교수들을 위한 심포지엄이 열렸다. 근거기반실천 옹호자들이 주최가 되어 「근거기반실천 교육 향상을 위한 심포지엄(Symposium for Improving the Teaching of Evidence-Based Practice)」을 열었고 이곳에서 나눈 논의 내용은 일명 오스틴계획(Austin Initiative)으로 알려져 있다. 오스틴계획을 통해 근거기반실천에 대한 다양한 의견을 통일하고 근거기반실천식 사회복지를 위한 교과과정의 방향을 정리하고자 하였다. 그리고 근거기반실천으로 인해 변화된 사회복지 환경에 대응하기 위해 사회복지전문조직 간의 협력을 촉구하였다(Springer, 2007). 뒤를 이어

국립정신보건국(National Institute of Mental Health)에서는 사회복지 교과과정에 근거기반실천의 내용을 통합하려는 시도를 하였다. 우선 시범적으로 2007년 북미 35개의 사회복지대학원에 REACH-SW라는 교과과정 향상 도구(curriculum enhancement tool)를 제공하여 교육자들이 먼저 근거기반실천을 학습한 다음 학부 및 대학원 수업에서 가르칠 수 있도록 하였다. 그리고 이 시범적 사업을 통해 사회복지 교육자의 근거기반실천에 대한 태도가 긍정적으로 변하며, 그에 대한 이해가 향상되는지를 평가하였다. 시범 사업 평가에 의하면 REACH-SW를 통해 교수뿐 아니라 학생들도 근거기반실천에 대한 이해가 향상되었으나 실제로 근거기반실천에 관한 내용을 교과과정에 적용하는 것은 어려워하는 것으로 나타났다. 그리고 학생들이 조사연구에 대한 개념과 방법을 제대로 알아야 근거기반실천에 대한 이해가 향상된다는 점을 들어 연구방법론 수업이 근거기반실천을 교육하는 최적의 교과목이라고 제언하였다(Baker, n.d.)[1]. 이런 노력과 함께 사회복지 교과과과정의 본격적인 변화가 가시화되었다. 미 사회복지교육협의회(Council on Social Work Education, CSWE)는 "사회복지 실천지식은 클라이언트의 목적을 달성하기 위해 고안된 근거기반식의 개입을 식별하고, 분석하며, 실행하는 지식을 포함한다(Practice knowledge includes identifying, analyzing, and implementing evidence-based interventions designed to achieve client goals)"(2008, p. 7)고 명시하며, 교육정책과 인가기준(Educational Policy and Accreditation Standards, EPAS)을 통해 사회복지 교과과정에 근거기반실천 내용이 강화되도록 하였다.

1) 출처는 다음과 같다. 「Outcome Evaluation for REACH-SW」 http://www.danya.com/reach/evaluation.asp 2013년 9월 1일 발췌.

근거기반실천을 가르치기 위해 사회복지 교과과정에서 다루고 있는 내용을 살펴보고자 한다. 미 사회복지교육협의회의 웹사이트(www.cswe.org)에서는 근거기반실천 교육을 위한 자료를 제공하고 있다. 그 중에는 근거기반실천 수업에 관한 수업계획서(syllabus)들도 있는데 오스틴계획(Austin Initiative)에 모인 학자들이 중심이 되어 CSWE에 제출한 수업계획서들 중에서 심사를 통해 선정한 것들이다. 기준을 통과한 여섯 개의 수업계획서가 모델 수업계획서로 소개되고 있고 〈표 3-1〉과 같다. 선정 기준은 다음과 같았다고 한다(Shlonsky, n.d.)[2]. ① 근거기반실천을 의사결정 과정으로서 정의하였을 것, ② 근거기반실천의 과정을 다섯 과정(Sackett et al., 2000) 또는 일곱 과정(Gibbs, 2003) 단계에 따라 나누고 구체적인 학습 내용을 담고 있을 것, ③ 사회복

〈표 3-1〉 근거기반실천 수업계획서

Social Welfare Research(PDF) - Eileen Gambrill, University of California, Berkeley
Methods of Social Work Research(PDF) - Leonard Gibbs, University of Wisconsin - Eau Claire
Evidence-Based Practice and Practice Guidelines(PDF) - Edward J. Mullen, Columbia University
Learning Social Work Research Methods for Evidence-Based Policy and Practice(PDF) - Edward J. Mullen, Columbia University
Social Work Research Methods I(PDF) - Allen Rubin, University of Texas at Austin
Contemporary Issues with Children and Their Families(PDF) - Susan Stern, University of Toronto
Research for Evidence-Based Social Work Practice(PDF) - University of Toronto

2) 출처: 「Syllabi Collection Process and Background」와 「Selection Criteria」 http://www.cswe.org/CentersInitiatives/CurriculumResources/TeachingEvidence-BasedPractice/ModelEBPandESTSyllabi.aspx, 2013년 8월 30일 발췌.

지 학사(BSW) 또는 사회복지 석사(MSW) 과정의 수업일 것, ④ 실제 문제 또는 클라이언트 사례를 가지고 문제중심학습식(problem-based learning, PBL)으로 교육하는 내용일 것.

〈표 3-1〉은 미 사회복지교육협의회의 웹사이트에서 소개하고 있는 여섯 개의 모델 수업계획서의 교과명과 담당 교수명이다. 선정 기준에 따라 소개된 수업계획서는 주로 조사방법을 가르치는 수업에서 사용되는 것으로 보인다. 이어서 토론토대학교(University of Toronto) 사회복지대학원에서 사용하고 있는 수업계획서의 내용을 구체적으로 살펴보면서, 근거기반실천에서 요구하는 실천가 양성을 위한 교육 내용을 살펴보고자 한다. 독자의 이해를 돕기 위해 원문과 함께 수업 내용 및 목적에 대한 부분은 우리말로 요약한 내용을 추가하여 정리하였다.

〈표 3-2〉 토론토 대학교의 근거기반 사회복지실천을 위한 조사연구(Research for Evidence-Based Social Work Practice) 수업 계획서*

Research for Evidence Based Social Work Practice SWK 4510H
University of Toronto Winter 2008

Course Coordinator: Aron Shlonsky
Instructors: Tahany Gadalla, Barbara Fallon, Esme Fuller-Thomson, Aron Shlonsky

교과명: 근거기반 사회복지실천을 위한 조사연구
학교명: 토론토대학교
담당 교수: Aron Shlonsky 외 3인의 강사

Overview
Evidence Based Social Work Practice(EBSWP) is a systematic approach to making decisions that emphasizes (1) formulating answerable questions, (2) locating, critically appraising and interpreting the relevant research evidence, (3) applying best available evidence in consultation with clients, and (4) evaluating the intervention. Using a problem-based learning model, students evaluate and interpret the best available evidence relating to a number of social work policy and practice questions. Supported

by a series of research methods tutorials, students develop an understanding of some of basic quantitative and qualitative research designs and methods appropriate for answering policy and practice questions. In appraising the evidence and crafting solutions to questions, students will examine the data from a scientific viewpoint and will also consider the extent to which the research findings can be applied to diverse populations.

수업 개요: 근거기반실천을 의사결정 과정으로 설명하고 있다. 그 과정은 구체적인 질문하기, 비평적으로 근거 찾기, 클라이언트와 함께 근거 적용하기, 개입을 평가하기 등으로 이루어진다고 설명한다. 문제중심학습 모형을 바탕으로 사회복지 실천과 정책 관련 질문들에 대한 최선의 근거를 찾아 평가하며 해석하는 것을 본 수업의 목표로 기술하고 있다. 학생들에게 정책 및 실천 질문에 답하기 위해 양적, 질적 연구방법에 대한 이해를 요구하고 있다. 과학적 시각을 가지고 근거를 종합하며 해결책을 찾는 연습을 하도록 요구하고 있다.

Rationale and Significance
Evidence based practice has been defined as:

"The conscientious, explicit and judicious use of current best evidence in making decisions regarding the welfare of those in need of social services."(Sackett et al., 1996, p. 71)

Evidence based practice has become prominent in the field of social work with the rapid expansion of available research knowledge relevant to social service interventions and ways to access this knowledge. The international movement towards evidence based social work follows a similar movement in medicine which began in the 1970s when clinical medicine became concerned that much of its practice was conducted without knowledge of the latest and best research evidence. It is important to note, what is new about EBSWP is not the idea of evaluating practice, but the systematic way in which evidence is gathered, the seriousness with which research quality is now being pursued, and the way in which research evidence is translated into service delivery.

The fundamental purpose of this course is to involve students in evidence based practice rather then merely to teach them about it. Classes will focus on the process of posing questions and then identifying, critically appraising, interpreting and applying evidence in order to help guide social work policy and practice. Using this model, students will evaluate and interpret the best evidence available for answering practice and policy questions. This model supports the FSWs mission to emphasize the integration of research and practice and aims to facilitate the transition from student to practitioner / policy-maker by engaging students in the day-to-day challenges of decision-making and responding to problems.

수업의 필요성: 의학에서 비롯된 근거기반의학이 국제적이고 다학제적인 움직임으로 발전된 배경을 간략히 기술하고 있다. 근거기반실천을 단순히 실천을 평가하는

방법이 아닌 최선의 연구 근거를 개입에 적용하는 체계적인 방법으로 소개하고 있다. 이 수업은 근거기반실천의 체계적인 단계 -질문하기부터 평가까지- 를 거쳐 연구와 실천을 통합하는 방법을 학습하는 것이라고 강조한다.

Educational Philosophy

This course adopts a problem-based learning approach. Problem-based learning centers on the discussion and learning that emanates from a practical problem. It encourages independent learning and provides practice in tackling puzzling situations. It is a way of learning that encourages a deeper understanding of the material than is possible through rote learning. The small-group setting used in problem-based learning also encourages an inquisitive and detailed look at all of the issues, concepts and principles contained within a problem. The time spent outside the group setting facilitates the development of skills such as literature retrieval, critical appraisal of available information and input from peers and specialists. Importantly, problem-based learning encourages students to become more involved in, and responsible for, their own learning.

교육 철학: 이 수업은 문제중심학습 방식의 수업으로서 실제적인 문제들을 다루고 논의하는 방식으로 이루어진다고 설명한다. 학생들은 소집단을 이루어 실천상의 문제들을 탐구하고 해결하는 시간을 가질 것이라고 소개하며, 자신의 학습에 책임을 질 수 있도록 적극적으로 참여할 것을 바라고 있다. 개별적으로 학생들이 갖춰야 할 것으로 연구 자료 검색 기술과 취합한 정보에 대한 비평적 분석 능력을 언급하고 있다.

Goals

The goals for students in this course are to:

Learn about evidence-based practice and develop skills to generate informed strategies for dealing with social work practice and policy questions. Develop teamwork skills in the resolution of these questions. Promote an interest in and respect for research evidence and to provide an alternative to 'authority based' practice. And, develop understanding of the appropriate research methods required for evaluating and interpreting the available evidence.

수업의 목적을 다음과 같이 기술하고 있다: 근거기반실천에 대해 학습하며, 실천 및 정책 관련 질문을 만들어내는 기술을 발전시킨다. 그 질문들을 해결하는데 팀워크 기술을 발전시킨다. '권위에 기반을 둔' 실천 대안으로서 연구 근거에 대한 관심을 갖도록 한다. 그리고 유효한 근거들을 평가하고 해석하는데 필요한 연구 방법에 대한 이해를 높인다.

Student Learning Outcomes

Upon completion of this course, students will be better equipped to:

- Apply research evidence to social work practice and policy questions.
- Formulate clearly stated, answerable questions.
- Locate research evidence to answer these questions by searching the literature through appropriate databases.
- Critically appraise quantitative research designs and methods for answering different types of practice and policy questions.
- Integrate findings from systematic reviews and meta analyses.
- Interpret the evidence, including its clinical and policy significance and generate evidence based solutions to social work problems.
- Consider how to apply such evidence and how to evaluate the outcomes of whatever action is taken.

한 학기 동안의 수업을 통해 학생들은 다음과 같은 지식과 기술을 갖출 것으로 예상한다고 기술하고 있다.

- 사회복지실천과 정책 질문에 대한 연구 근거를 적용할 줄 알게 된다.
- 명확하게 명시할 수 있고, 답할 수 있는 질문을 만들 수 있게 된다.
- 적합한 데이터베이스를 통해 그러한 질문에 답하기 위한 연구 근거들을 찾을 수 있다.
- 다양한 유형의 실천 및 정책 질문에 답하기 위해 양적 연구 방법들을 비평적으로 평가하게 된다.
- 체계적 고찰 및 메타 평가 결과들을 통합할 줄 알게 된다.
- 임상적 그리고 정책적 중요성을 포함하여 근거들을 해석하게 된다.
- 사회문제들에 대한 근거기반식 해결을 만들어내게 된다.
- 근거들을 적용하는 방법 및 그 적용 결과에 대해 신중하게 생각하게 된다.

Course Schedule / 수업 계획

Week	Topic and Activities	Readings
Week 1	Introduction to evidence based practice 근거기반실천에 대한 소개	Rubin & Babbie, Ch. 1 and 2(5th ed.) Gambrill, Evidence-based practice McNeil, Evidence-based practice in an age of relativism
Week 2	Asking answerable questions EBSWP example 근거기반실천식 질문 만들기	Gibbs, Evidence-based practice for the helping professions
Week 3	Locating research literature 연구 결과들 찾기	An introduction to searching electronic databases / Introduction to database search skills / The Cochrane Collaboration / The Campbell Collaboration
Week 4	Measurement	Rubin & Babbie, Ch. 6, 7(5th ed.), Ch. 8(6th ed.)

	측정에 관한 내용	
Week 5	Experimental design 실험설계식 연구 방법	Rubin & Babbie, Ch. 10(5th ed.), Ch. 10(6th ed.)
Week 6	Quasi-experimental design 유사실험설계식 연구 방법	Rubin & Babbie, Ch. 11(5th ed.), Ch. 11(6th ed.)
Week 7	Sampling for quantitative and qualitative studies 양적 및 질적 연구를 위한 샘플링 방법	Rubin & Babbie, Ch. 8(5th ed.), Ch. 5(6th ed.).
Week 8	Qualitative data collection and data analysis 질적 자료 수집 및 분석	Critical Review Form-Qualitative studies Guidelines for Critical Review Form-Qualitative studies
Week 9	Survey design 서베이 방법	Rubin & Babbie, Ch. 9(5th ed.), Ch. 15(6th ed.)
Week 10	Descriptive statistics 기술적 통계	Rubin & Babbie, Ch. 18, 19(5th ed.), Ch. 20(6th ed.)
Week 11	Inferential statistics-effect size, number needed to treat, and meta-analyses 추론적 분석: 효과 크기, NNT(개입효과 측정), 메타분석	Rubin & Babbie, Ch. 20, 21(5th ed,), Ch. 21, 22(6th ed.)
Week 12	Applying evidence and evaluating effectiveness 근거 적용과 효과성 평가	Rubin & Babbie, Ch. 12(5th ed.)
Week 13	One-on-one consultation on students' projects 근거기반실천 과제물 면담	

Assignment Overview

1. Exercises(30%) Two exercises, worth 15% each

1) Exercise #1 - Experimental Design

Develop your own viable experimental or quasi-experimental study to evaluate the effectiveness of an intervention. Your study design should include a PICO question that is related to the PICO question you choose for your final assignment.

Prepare a three-page answer to the following questions:
1. What is the PICO effectiveness question that you will address in your study?
2. Which experimental or quasi-experimental research design is best suited to answer your question? Specify the particular experimental or quasi-experimental design that you would use and include a diagram(see Rubin & Babbie) to illustrate this design. 3. Who will your research participants be? How will you recruit them? From where? Identify criteria for inclusion and exclusion from your study. What population can your study findings be generalized to? 4.

Describe two threats to internal validity in your study and explain how your design controls for them. Describe two threats to internal validity that your design does not control for and explain how you would minimize their potential impact on your study. Note: Your answer should be typed, double-spaced, in a 12 point Times New Roman font, with 1inch margins.

If you have questions about this exercise, please contact your instructor.

2) Exercise #2. Qualitative Research Critical Review

Complete the following:

1. Apply the Saini(2006) Qualitative Rigor Criteria Short Form to the following qualitative study: Watson, K.C., Kieckhefer, G. M., & Olshanky, E.(2006). Striving for Therapeutic Relationships: Parent-Provider Communication in the Development Treatment Setting. Qualitative Health Research, Vol 16(5), 647-663.
2. Be sure to comment on at least three ways you could make this study more culturally appropriate if the parents were immigrants from mainland China(See Rubin & Babbie, Chapter 16). Maximum length: 1 page. Note: Indicate the related article page number for each identified answer, as well identify on the article itself, where you found the answer to each question. Please fill out the form legibly and in sentence format. If you decide to type your answers, please keep responses within 3 pages, double-spaced, in a 12 point Times New Roman font, with 1 inch margins.

If you have questions about this exercise, please contact your instructor.

2. Draft EBSWP Project Paper - Practice Question, Search Strategy and Article Selection(15%)
The purpose of submitting a draft of the first sections of the research summary is to provide students with preliminary feedback on their EBSWP assignment.

Prepare a four-page answer to the following questions:
- Present a detailed case study(1 to 1.5 pages). Identify and describe how you formulated your practice question(PICO question).
- Describe your search strategy(i.e. inclusion / exclusion criteria, databases searched, keywords used, and number of citations found).
- Describe how you selected your four 'best' articles that will be critically appraised in the EBSWP assignment. What is your rationale for your selection? Try to select 4experimental or quasi-experimental designs(versus meta-analyses, qualitative or survey designs).
- Provide a summary of the number of articles rejected and reasons for rejection
- Please also include the following components:
- Working bibliography. Printed search history from your databases. Selected abstracts

of rejected articles Note: Answers must be presented in sentence format. Your answer should be typed, double-spaced, in a 12 point Times New Roman font, with 1 inch margins. Please append your four articles to your exercise. Your articles will be returned to you with the marked draft assignment.

If you have questions about this assignment, please contact your instructor.

3. Final EBSWP Project Paper(55%).

1) Part A: Problem Formulation(400-500 words, 10%)

Introduce the Practice Problem

- Provide a description of a practice or policy problem you confronted in your practicum. Describe your client / client group. Describe your client's problem. Describe your role in intervening in this client's problem(i.e. within context of practice).
- Provide relevant background for your client / client group(e.g. age, gender, cultural and socio-economic background, etc.). Provide relevant background for your client / client group's problem(e.g. a brief introduction to ADD with references). Identify your 'PICO Question'
- Choose one PICO question. Ensure it is an 'effectiveness question'. Identify the four key elements of your question according to 'Gibbs' Schema'. Use a 'Question Classification Table'. Ensure that you make the link between your question and your case objective.
- Briefly describe the most appropriate research design to answer your question.

2) Part B: Search Strategy(250 . 500 words, 10%)

Describe your Search Strategy

- Identify the inclusion and exclusion criteria. How did you identify your literature? Which databases did you select? Why? How many citations did you retrieve? Justify your search strategy.
- Include as an appendix a table showing your precise search strategy including the order of the 'MOLES' search terms.
- Append your 4 articles.

3) Part C: Review Tables(1 page per study, 30%)

The Review Table

- Choose the best four articles you found and complete data extraction of relevant information of the four best articles in a table format(please see sample table below). This section should be logically organized, appropriate length, and concise. In addition, terms / short-forms should be understandable.

- Each table should include the following information: ID, Purpose / research question / intervention, Method, Sample / sampling frame, Measures, Results, Effect sizes, Methodological strengths and weaknesses, QSRF scores Study Citation & Research Question Intervention Research Design & Sample Measure(s) Results Strengths & Weaknesses Study 1···Study 4-include ES1 / NNT- include QSRF score

4) Part D: Critical Appraisal(800-1000 words, 30%)

Critical Appraisal

- Complete the QSRF for each of the four best articles to appraise the evidence.
- Compare and contrast the most important methodological strengths of 4 studies and how these impact your confidence in the conclusions of the different studies. Compare and contrast the most important methodological weaknesses of the 4 studies. Judgment re: potential for bias & direction of impact. Be sure to comment on these strengths and weakness in the context of relative effect sizes and / or NNT. Relate appraisal to the research question & implications for practice. Taking account of your effect sizes and methodological limitations, tell your reader what you can confidently conclude on the basis of this evidence.

5) Part E: Implementation & Evaluation Plan(500 . 750 words, 15%)

- What will you do with this information? What is your clinical judgment? Why? How will you involve your client in your action plan? Please note: This is the point where the issue of client diversity becomes crucial. Bear in mind that your client is almost certain to be different from the individuals in the studies you reviewed. How is your client different? What is the possible relevance of this difference in your case? Even if you decide the intervention in your PICO is not effective, please tell us how you would evaluate any intervention with your client.
- How will you know if you have succeeded(i.e., what is your outcome measure?) Which single system design will you use? How will you put this in place?
- Provide a one-paragraph summary of your case and recommendation(s) for intervention References(5%)
- Provide an APA formatted reference list for all references and selected articles.

Note: Answers must be presented in sentence format. Your answer should be typed, double-spaced, in a 12 point Times New Roman font, with 1 inch margins.

If you have questions about this assignment, please contact your instructor.

* 출처는 다음과 같다. 미국 사회복지교육협의회로부터 사용 허락을 구하였다.
http://www.cswe.org/CentersInitiatives/CurriculumResources/TeachingEvidence-BasedPractice/ModelEBPandESTSyllabi.aspx

북미 사회복지대학원에서 근거기반실천을 가르치는 수업 계획서의 내용을 살펴보았다. 비록 모범 모델로 선정된 수업이지만, 겨우 하나의 계획서만으로 근거기반실천의 교육 내용을 충분히 살펴볼 수는 없을 것이다. 그러나 근거기반실천에 대한 교육은 다양한 연구 결과를 소화해서 전달하는 능력을 향상시키는 데 초점을 두고 있음을 볼 수 있다. 학생들이 일상적으로 연구결과를 활용하여 클라이언트를 위한 개입을 하여 몸에 베개 하는 것을 목표로 하는 것 같다. 즉, 근거기반실천 수업의 목표는 현명한 지식 소비자이자 중개자로서 평생 학습을 실행하는 실천가 양성에 있음을 알 수 있다.

본 교과 과정의 특징은 문제해결중심 학습(problem-based learning)으로 진행한다는 점이다. 문제해결중심 학습은 근거기반의학을 교육하는 의과대학에서 사용하는 교수법의 일종으로 학생이 주도가 되어 체험적인 학습을 하는 것을 강조한다(Woods, 1994). 사례 중심으로 이뤄지는 문제해결중심 수업에서는 결과에 도달하는 과정을 중요시하고, 여러 대안들 중에서 최선의 대안을 찾아 문제를 해결하는 경험을 하도록 한다(김정태 · 김종윤 · 김명천 · 유기연, 2013). 근거기반실천에 대한 필요성을 인식하고, 실천가로서의 비평적 사고를 향상시킴을 목표로 하는 본 수업은 학생들이 소규모 그룹을 지어 최선의 개입 전략을 찾아내고 실행하는 역량을 기르도록 하고 있다. 비평적 사고를 한다는 것은 최선의 해결책을 찾기 위해 계속해서 질문을 하며, 최선의 것을 찾으면서도 대안을 염두에 두는 사고방식이다. 비평적 사고를 통해 문제해결 과정에서 접하는 질문들에 다양한 연구 결과를 적재적소에 대입하며 활용 가능성을 따져볼 수 있게 하려는 것이다(Gambrill, 2006; Shlonsky & Ballan, 2012). 비평적 사고 훈련은 좋은 근거 또는 신뢰할 수 있는 정보를 선별하고 판별하는 능력을 키우기 위함이다.

모든 종류의 근거는 그것이 양적 연구 결과이거나 질적 연구 결과이든 간에 클라이언트의 상황에 적용할 때는 가설로서만 고려할 수 있을 것이다. 따라서 임상적 판단력으로 개별 클라이언트에 적용 가능한 근거인지 판단이 요구된다. 사회복지실천의 의사결정은 가치 지향적(value-laden)일 수밖에 없기에 근거의 적용뿐 아니라 가치의 적용, 그리고 그것의 함의에 대해서도 생각해야 한다.

본 절에서 소개한 수업은 자문과 가이드 역할을 하는 교수의 지도에 따라 학생들이 탐색 능력, 문제해결 능력, 그리고 여러 관점을 열린 사고로 점검하는 능력을 갖추며 문제를 해결하도록 하고 있다. 이 수업을 듣는 학생들은 임상 실습을 병행하고 있고 이를 통해 사례관리 또는 개별 클라이언트와의 만남이 가능한 상황이다. 학생들은 주제에 대해 선행 학습이 어느 정도 되어 있는 상태이고, 이에 따라 구체적인 사례에 근거기반실천 연습을 할 수 있을 것이다. 근거기반실천 수업을 진행하는 교육자는 근거기반실천에 대한 이해와 연구 방법에 대한 역량뿐 아니라 임상실천 경험이 있어야 문제해결 과정의 안내자로서 역할할 수 있다.

2. 실천: 근거기반실천의 실행을 위한 세 가지 차원의 노력

근거기반실천의 실행을 위해 서구 사회복지실천 영역에서 행하고 있는 노력들을 세 가지로 정리하였다. 첫째, 실천가와 조직의 역량강화를 위한 작업을 살펴본다. 둘째, 실천과 연구 간의 간격을 줄이고 현장의 근거를 만들어내기 위한 실천기반연구의 역할을 살펴보며, 마지막으로 실천가들이 보다 현실적으로 근거를 활용할 수 있도록 고안된 실천 지침과 체계적 고찰에 대해 살펴볼 것이다.

1) 실천가와 기관의 역량 강화를 위한 노력

실천현장에서 근거기반실천식으로 프로그램을 개발한다는 것은 어떠한 경험일까? 근거기반실천의 옹호자들이 권하는 대로 최선의 근거를 기반으로 효과적이면서도 투명한 실천을 위해 노력했던 어느 현장에서 다음과 같은 경험을 들려준다[3](Williams, & Sherr, 2013). 지역사회 아동을 위한 심리건강 프로그램을 계획하던 미국의 한 기관은 갬브릴(Gambrill, 1999)식 표현에 따라 권위에 기반을 둔 실천(authority-based practice)이 아닌 근거에 기반을 둔 실천을 하기로 하였다. 많은 시간과 예산을 들여 조사방법론에 대한 심층적인 공부도 병행하면서 근거기반실천식 단계에 따라 프로그램을 개발하고자 한 것이다. 그리고 근거기반실천에서 요구하는 대로 실험설계방식으로 프로그램의 결과를 평가하여 개입의 효과를 보여주고자 하였다. 정교한 조사 설계를 위한 방법론상의 자문을 구하고자 대학 교수들과 연구자들에게 협조를 요청했지만 관심을 보이는 학자들이 없었다고 한다. 학계와 실천현장의 협력이 생각보다 어려운 일임을 실감한 이 기관에서는 자체적인 노력으로 프로그램 개발과 평가를 수행하였다. 여러 시행착오로 점철된 4년여의 노력 끝에 아동 심리 프로그램의 효과를 입증하는 자료들이 모였고, 근거기반실천의 마지막 단계인 '결과 나누기' 과업에 따라 기관의 성과를 논문으로 출간하고자 하였다. 그런데 연구 방법상 엄격함이 부족해서 학술적 가치가 떨어진다는 이유로 학술지 게재가 거절되었다. 사회복지사이자 본 사례 논문의 저자들은

3) 본 사례 논문의 출처는 다음과 같다. 논문의 제목이 예사롭지 않다.
Williams, N. J., & Sherr, M. E.(2013). Oh how I try to use evidence in my social work practice: efforts, successes, frustrations, and questions. *Journal of Evidence-Based Social Work*, 10, 100-110.

자신들의 경험을 바탕으로 다음과 같은 의문을 제기한다.

> "비록 적은 액수였지만 우리는 기관의 전폭적인 지지를 받았었다. 우리 기관처럼 근거기반실천을 하고자 하는 동기가 강한 곳에서도 그 실행은 쉽지 않은데, 다른 곳(지지 및 동기가 부족한 곳)은 어떻게 이것을 실행할 수 있을지 궁금하다. 근거기반실천을 위한 기관의 예산 지원과 전폭적인 지지가 있었음에도, 방법론적 엄격함이 부족하다는 이유로 현장 개입의 결과가 과학적 지식으로 인정받지 못한다면, 실천가가 어떻게 사회복지 지식형성에 공헌할 수 있단 말인가? 충분한 연구비와 우수 연구역량을 갖추어야만 근거기반실천의 발전에 공헌할 수 있다면, 실천가는 그냥 기다리면서 연구자가 만든 결과를 적용할 때만 기다리라는 것인가? 실천가가 만약 근거기반실천 기준에서 믿을 만한 근거를 만들어내지 못한다면 실천가의 목소리는 어떻게 낼 수 있는가?(pp. 105-107)"

이들의 경험은 근거기반실천을 통해 개입 지식을 형성하겠다는 실천현장의 의지가 충분히 학술적이지 않다는 이유로 인해 근거화되지 못하는 현실을 보여주고 있다. 그리고 그만큼 근거기반실천이 현장 실천가들에게 요구하는 수준이 비현실적으로 높음을 보여준다.

위의 사례처럼 실천 현장에서 근거기반실천에 대한 강한 동기와 기관의 지지가 동시에 있는 경우는 드물다고 한다. 근거기반실천식으로 실행한 실증적 연구들을 분석한 결과를 보면, 대부분 기관의 지원이 부족하거나, 실천가의 기술과 지식이 부족하거나, 슈퍼비전이 제대로 주어지지 않은 것이 현실이다(Gray, Joy, Plath, & Webb, 2012). 그럼에도 불구하고 최근 현장의 분위기는 근거기반실천을 하는 것이 곧 기관의 명성과 재무 건전성을 보장하는 것과 깊은 관련이 있기 때문에 근거기반실천의 실행을 강조하지 않을 수가 없다(Drisko & Grady, 2013; Proctor, Knudsen, Fedoravicius, Hovmand, Rosen, & Perron, 2007). 이에 따라 실제 현장에서 근거기반실천이 실행되기 위한 선제조건으로서 기관장의 리더십과 충분한 행정 및 재정적 지원, 그리고 대학 또는 연구소와의 긴밀한 협조를 갖추도록 촉구하고 있다 (Bellamy, Bledsoe, & Traube, 2006; Proctor, Knudsen, Fedoravicius, Hovmand, Rosen, & Perron, 2007). 근거기반실천의 보수 교육에 들어가는 비용이 부담되며, 실천가들의 반발과 저항이 있음에도 근거기반실천이 가능하도록 조직의 역량강화를 정비하는 것이 필요하다고 보기 때문이다(Gray, Joy, Plath, & Webb, 2012).

근거기반실천 실행이 가능하기 위해서는 실천가의 능력 향상이 필요하다는 주장에 따라서, 사회복지대학원에서 보수교육 및 기술적 지원을 제공하여 기관의 근거기반실천식 실행이 가능하도록 돕는 시도들이 있다[4](Manuel, Mullen, E. J., Fang, Bellamy, & Bledsoe, 2009). 보수교육에 참여한 사회복지사들은 근거기반실천의 교육 중 가장 힘든 것으로 방법론적 기술, 특히 근거의 질을 평가하는 기술이 어렵다고 꼽았다(Bledsoe-Mansori, Manuel, Bellamy, Fang, Dintata, & Mullen, 2013). 시간과 자원이 부족하고, 학술 데이터베이스의 접속이 부실한 현장에

4) 대표적인 것으로 The Bringing Evidence for Social Work Training(BEST) Project라는 것이 있다. 미국 콜롬비아대학교 사회복지대학원과 뉴욕시의 세 개의 기관이 협력하여 실천가에 대한 훈련과 기술적 지원을 통해 근거기반실천에 대한 보수교육을 실행하였다. 근거기반실천식으로 실천의 의사결정을 하는 단계에 대한 훈련을 문제해결학습(problem-based learning)식으로 하기 위하여 대학원의 연구자가 각 기관에 배치되어 실천가들에게 지속적인 교육과 훈련을 제공하였다. 열 개의 교육 모듈(module)로 구성된 교육 자료는 온라인 자료로도 제공되며 아래 주소에서 찾을 수 있다.
http://www.columbia.edu/cu/musher/Website/Website/EBP_OnlineTraining.htm

〈표 3-3〉 기관의 근거기반실천에 대한 인식과 준비 정도*

본 질문지는 근거기반 프로그래밍을 계획할 때 선행되어야 할 질문들로 구성되었다. 본 질문지는 세 가지 목적으로 활용할 수 있다. 첫째, 지역사회 복지기관 및 개별 실천가가 근거기반 실천식 프로그램 기획방법에 대한 인식과 이해 정도를 생각해 보는 기회를 제공한다. 둘째, 각각의 질문에 대해 각 기관의 사정을 진솔하게 진단할 수 있으며, 최선의 효과적인 서비스 제공을 위하여 기관에 필요한 사항이 무엇인지 구체적으로 생각해보는 기회를 제공한다. 셋째, 프로그램 향상을 위한 논의를 제공하는 틀로서 활용할 수 있다. I. 근거기반 프로그래밍 이해에 관한 질문 1. 근거기반실천방법에 의한 프로그램을 기획할 의사가 있는가? 2. 근거기반실천방법에 의한 프로그램과 다른 프로그램의 차이가 무엇인지 이해하는가? 3. 근거(원 프로그램의 핵심내용, fidelity)에 충실하면서 동시에 기관의 상황에 맞게 필요한 수정(adaptability)을 하며 양질의 프로그램을 제공할 수 있는가? II. 프로그램 운영자원에 관한 질문 4. 근거기반실천식으로 프로그램을 실행하는 데 충분한 자금을 확보할 수 있는가? 5. 자원 제공처들에 근거기반 프로그래밍의 중요성을 인식시킬 수 있는가? 6. 현재 기관의 자원을 근거기반 프로그램에 재분배할 의사가 있는가? III. 프로그램 운영진에 관한 질문 7. 기획하고자 하는 프로그램에 필요한 전문 지식을 겸비한 직원이 있는가? 8. 원활한 프로그램 운영을 위한 지지자들 및 자원봉사자를 모을 수 있는가? 9. 근거기반실천에 의한 프로그램 기획과 평가를 위해 교육과 자문을 제공할 전문가를 구할 수 있는가? IV. 조직 및 협의체를 비롯한 협력기관의 리더십과 지지에 관한 질문 10. 조직위원회 또는 이사진은 근거기반실천을 이해하며 지지적인가? 11. 조직은 원활하고 효과적인 프로그램의 지속적인 운영을 위해 인적・물적 자원을 계속 공급할 의사가 있는가? 12. 협의체는 프로그램 구성 및 유지에 필요한 행정적・재정적・물적・교육적 자원을 제공할 의사가 충분한가?

* 본 내용은 John. A. Hartford National 재단과 Council on the Aging에서 공동으로 제작한 "Self-Assessing Readiness for Implementing Evidence-based Health Promotion and Self-Management Programs(2004)"를 참고하였다. 출처는 다음과 같다.
http://www.healthyagingprograms.org/resources/EB_ImplementationReadiness_Checklist.pdf

서 단순히 실천가의 능력이 향상된다고 해서 근거기반실천이 이루어질 것이라고 기대하기는 어려울 것이다(Manuel et al., 2009). 근거기반실천이 실행되려면 조직 문화에 대한 이해를 바탕으로 한 기관의 변화가 선행되어야 한다(Austin & Claassen, 2008). 사회복지 실천현장에서 근거기반실천식 실행이 가능하려면 각각 실천가, 기관, 그리고 협회 수준에서의 지속적인 지원이 필요할 것이다(Bledsoe-Mansori et al., 2013; Dill & Shera, 2012; Jung, 2011). 〈표 3-3〉은 기관 차원에서 근거기반식의 실천에 대한 인식과 준비 정도를 사정하는 문항들이다.

2) 실천기반연구와 실천 연구 지원 인프라 구축

근거기반실천에서 선호하는 근거가 대부분 실천에서 나온 근거(practice-based evidence)가 아닌 아이러니한 상황을 지적하며(Green, 2006), 실천에 기반을 둔 근거를 만들기 위한 실천기반연구(practice-based research)의 중요성이 강조되고 있다(Lord & Judice, 2012). 실천기반연구란 실천 향상의 목적을 위해 실천가에 의해 행해지는 실천에 대한 연구라고 할 수 있다(McLeod, 1999). 실천기반연구는 외부(예, 실험실)에서 만들어진 자료가 아니라 개입을 하면서 나오는 자료를 수집하고 분석하여, 서비스 이용자와 실천가, 그리고 기관에 실질적인 혜택을 반영할 연구라고 정의된다(Esptein, 2001; Shaw, 2005). 의학 등 다른 학문에서도 실천 향상을 위해 실천가 연구에 대한 관심이 커지고 있다(Shaw, 2005). 실천기반연구는 실천가란 모름지기 자신의 실무와 클라이언트에 대해 연구하면서 책무성을 높이고 성과를 향상시켜야 한다는 것을 전제로 한다(Epstein & Blumenfield, 2001). 실천기반연구를 통해 실천가는 향상시키길 원하는 이슈들 또는 실천방법을 연구의 대상으로 정의하고, 자신의 실천 개입방법을 계속해서 모니터링하고 분석하면서 서비스의 질 향상을 위해 노력해야 한다. 연구방법 또는 자료 분석 면에서 연구자의 도움을 받을 수도 있고 그렇지 않을 수도 있다. 실천기반연구에서는 보통 사례 보고 등 회고적으로 수집된 자료를 분석하여 서비스 경향을 이해하고 직원 배치와 서비스 전달 상의 변화와 관련해서 더 나은 결정을 할 수 있다고 한다(Petr, 2009). 엡스테인(Epstein, 2001)은 실천가는 실천기반연구를 통해서 최선의 개입에 대한 지식 형성에 공헌해야 한다고 강조하였다. 실천기반 근거가 축적된다면 근거기반실천을 둘러싼 근거에 관한 논쟁 자체가 변할 수 있다고 본다(Shaw, 2007; Staller, 2006). 맥락 통제적인 연구실에서 생산된 근거보다 복잡한 실제 현실에서 만들어진 실천 현장의 지식은 근거로서의 가치가 더욱 높을 수밖에 없고, 개입 지식 근거를 만들고 평가하는 데에 실천가의 역할이 부각될 것이기 때문이다. 초기 사회복지사들의 조사연구 경향으로 회귀한 듯한 이러한 논의는 현장 중심으로 이루어지고 있다. 이에 대해 근거기반실천 옹호자들(엄격한 연구 방법과 위계적 근거 체계를 강조하는 학자들)의 입장은 아직 전개되지 않고 있다.

실천기반연구가 현실적으로 가능하기 위해서는 한 사람 또는 한 기관의 노력만으로 되는 것은 아니다. 연구와 실천 간의 간극을 줄이기 위한 새로운 기반시설, 그리고 개입 지식의 성공적인 전파와 활용을 위한 전문화된 노력이 필요하다. 실천가 연구를 장려하는 모델로서 서구 문헌에서 자주 언급하는 조직들이 있다. 덴마크에서는 실천가 연구 프로젝트를 위해 네트워크를 구축하였다. 예를 들어 정신건강 분야의 실천가 연구 협력 네트워크인 Evaluation Centre in the Department of Psychiatry에서는 두 달마다 실천가들이 모여 세미나를 진행한다. 세미나에 참석하는 실천가들은 자신의 기관에서 자신의 실천에 관해 연구를 진행하고 그 진행과정과 결과를 세미나에서 공유한다. 보통 6~9개의 기관이 하나의 네트워크를 구성하는데, 한 기관당 2~3명의 실천가이자 연구자들이 팀을 이루어 실천에 관한 연구를 진행한다. 보통 사례연구 방법식으로 실천 연구가 수행되는데, 한 사례 연구당 두 달 치의 임금이 지급되며, 연구 수행이 가능하게 근무 시간을 조정할 수 있다(Shaw, 2005). 영국의 Social Care Institute of Excellence(SCIE, www.scie.org.uk)도 대표적인 실천연구 기반을 갖춘 곳이다. 2001년 설립된 이 기관은 사회적 케어에 관한 지식과 자원을 만들어내는 곳으로서 실천가·이용자·학자와 연구자들에게 사회서비스와 관련된 많은 양의 지식을 제공한다. SCIE가 선호하는 실천 지식은 연구 결과뿐 아니라 실천가와 이용자의 지식들을 포함한다. 그리고 지식을 만들어 내는데 이용자와 실천가가 모든 단계(질문 형성 단계부터 결과 요약까지)에 참여하도록 한다[5]. 또한, 캐나다 온타리오의 PART(Practice And Research Together, http://partcanada.org)는 지역 내 아동복지 기관들이 멤버십으로 운영하는 협회이다. 아동복지 실천가들에게 실천에 활용할 연구결과들을 골라 모아 전파하는 역할을 하는 PART는 세계적으로 유명한 지식 전환 기관인 영국의 Research in Practice(RiP)를 벤치마킹하여 아동 및 가족 복지 현장에 근거기반실천 실행을 돕는 일을 하고 있다. 2012년 기준으로 전체

---

5) 사회적 케어에 대한 지식 형성 과정에 서비스 이용자의 참여가 어떻게 이루어지는지를 보여주는 사례를 소개한다. SCIE의 예는 아니지만 영국의 National Institute for Health and Clinical Excellence(NICE)에서 의료기술평가에 환자 및 시민의 참여 실태와 도입 배경을 설명하는 논문이 있다. 출처는 다음과 같다. 이원영(2012). 영국 NICE 의료기술평가의 환자 및 시민참여 경험에 대한 고찰. 『비판사회정책』, 34, 47-75.

기관의 75%가 회원 기관으로 활동하고 있는 PART에서는 회비를 내고 다음과 같은 활동에 참여하며 서비스를 제공받는다. 먼저 근거기반실천식 프로그램 현황에 대한 정보를 공유하며, 근거기반실천식 실천을 위한 자문과 실질적 기술 지원을 받을 수 있다. 그리고 아동복지 관련 정책과 연구 동향을 업데이트한 자료를 제공받고, 인터넷 강의를 통해 보수교육이 이루어진다(Dill & Shera, 2012). 이뿐 아니라 영국 남서쪽에 위치한 지방협회(Dorset County Council and Gloucestershire County Council) 같은 곳에서는 근거기반실천 조정자(코디네이터)란 자리를 신설하여 실천가들이 관련 연구 결과를 활용할 뿐 아니라 적용 결과가 어떠한지를 평가하여 실천 지식을 쌓는 일을 하고 있다 (Morago, 2006).

3) 보다 실질적인 지식 전파 및 지식 활용을 위한 노력

최신 연구 결과가 실천에 적용되어 일상적으로 사용되기까지 보통 15~20년이 걸린다고 한다(Brekke, Ell, & Palinkas, 2007). 실천가들이 연구 결과를 매번 업데이트하는 것은 쉽지 않은 일이며, 연구 결과를 실천에 적용한다는 것도 말처럼 간단한 문제는 아니다. 자료가 있다고 해서 실천가가 바로 적용할 것이라는 생각은 순진한 생각일 것이다. 그동안은 지식 형성에만 관심을 기울이고 그것을 전파하는 문제는 가볍게 취급하거나 간과한 경향이 있다. 그러나 서서히 지식을 만드는 것과 지식을 전파하여 사용가능하게 만드는 것은 다른 차원의 문제라는 것을 인식하게 되었다(McNeil, 2006). 근거기반실천의 등장 이래로 근거 활용이 가능한 환경, 즉 지식을 전파하고 보급하는 일에 좀 더 신경을 쓰게 되었다(Fraser, Richman, Galinsky, & Day, 2009;

〈표 3-4〉 근거기반실천 향상을 목적으로 만들어진 레지스트리와 데이터베이스

California Evidence-Based Clearinghouse for Child Welfare(CEBC) http://www.cachildwelfareclearinghouse.org/
The Campbell Collaboration: Library http://www.campbellcollaboration.org/library.php
CDC: The Community Guide http://www.thecommunityguide.org/
Center for the Study and Prevention of Violence http://www.colorado.edu/cspv/blueprints
The Cochrane Library http://www3.interscience.wiley.com/cgi-bin/mrwhome/106568753/HOME
EBP Substance Abuse Database http://lib.adai.washington.edu/ebpsearch.htm
The Evaluation Center's EBP Metabase http://www.tecathsri.org/ebp_search.asp?stmode=start
Matrix of Children's Evidence-Based Interventions http://www.nri-inc.org/reports_pubs/2006/EBPChildrensMatrix2006.pdf
National Cancer Institute: Research-Tested Intervention Programs http://rtips.cancer.gov/rtips/index.do
National Registry of Evidence-based Programs and Practices(NREPP) http://www.nrepp.samhsa.gov/
Preventing Drug Abuse among Children and Adolescents: Examples of Research-Based Drug Abuse Prevention Programs http://www.nida.nih.gov/Prevention/examples.html
SAMHSA: A Guide To Evidence-Based Practices(EBP) on The Web http://www.samhsa.gov/ebpwebguide/index.asp
SAMHSA: Evidence-Based Practice Implementation Resource Kits for Mental Health http://mentalhealth.samhsa.gov/cmhs/communitysupport/toolkits/about.asp
Social Programs That Work http://www.evidencebasedprograms.org/
Suicide Prevention Research Center: Best Practice Registry http://www.sprc.org/featured_resources/bpr/index.asp

Gould, 2010). IT 기술 발전 덕분에 지식을 데이터베이스화하여 저장하고 보급할 수 있게 된 덕분이다(Gray & Schubert, 2013). 〈표 3-4〉는 실천가들이 이용할 수 있게 만든 웹 지원 서비스와 데이터베이스들을 목록화한 것이다. 이들 자료는 국립정신건강연구소(National Institute of Mental Health)의 일부 지원을 받아 사회복지연구진흥원(Institute for the Advancement of Social Work Research)에서 제공하고 있다. 각 레지스트리들은 연구와 실천의 협력을 촉구하고 있으며, 효과성이 입증된 사회복지와 정신건강 관련 프로그램들을 소개하고 있다[6].

이와 함께 최선의 실천에 대한 정보 요구를 충족할 대안으로 임상 실천가들이 연구 결과를 보다 잘 이해하고 활용하기 위하여 실천 지침(practice guideline) 또는 체계적 고찰(systematic review)의 활용이 대두되고 있다. 실천 지침(practice guideline)이란 연구 결과와 전문가 의견을 통합하고 정리하여 실천가들이 개입에 올바른 결정을 내리도록 개발된 것으로 개입 매뉴얼 또는 프로토콜의 일종이라고 볼 수 있다(Reid, 2002). 실천 지침은 과학적 지식의 간접적인 사용이라고 볼 수 있는데, 사회복지사가 실증적으로 지지된 방법을 사용하게 돕는 것으로서 준수 사항이나 규정이라기보다는 의사결정을 도와주는 내용으로 구성되어 있다. 의학이나 간호학에서는 임상실무지침으로 불리며 반세기 전부터 사용되고 있다(Marsh & Fisher, 2008). 실천 지침을 활용하면 임상실천에서의 부적절한 격차를 감소시키고 근거기반실천을 증진시킨다고 보고되고 있으나(Brownson, Baker, Leet, & Gillespie, 2003), 사회복지에서 그 활용은 아직 초기 단계이고 사회복지사는 여러 역할을 수행하기 때문에 매뉴얼대로 하기 어렵다는 지적도 있다

6) 출처는 다음과 같다.
http://www.socialworkpolicy.org/research/evidence-based-practice-2.html#resources

(Gambrill, 2008).

체계적 고찰은 특정 개입의 효과와 안정성을 검증하기 위한 방법으로서 엄격한 기준에 맞추어 관련 문헌을 선정한 뒤 이들 문헌의 결과를 통계적으로 분석하여 관련 근거를 만들어 내는 방법이다. 일반적인 문헌 고찰이 충분히 포괄적이지 않고, 연구자의 선택에 따라 편견이 배어 있는 것과 달리, 체계적 고찰은 관련 주제에 관한 학술 논문과 함께 미출간 보고서들도 포함하여 정리하는 것을 기본으로 한다 (Littell, Corcoran, & Pillai, 2008). 체계적 고찰은 실천에 필요한 중요한 정보들을 종합하는데 특정 문제의 본질에 대한 고찰뿐 아니라 개입의 효과성과 효율성으로 밝혀진 관련 정보들을 정리하여 준다. 코크런연합과 캠벨연합의 조직과 함께 등장했다고 해도 과언이 아닌 체계적 고찰은 근거기반실천의 위계적 근거의 맨 위에 위치하며 구할 수 있는 자료 중 최선의 근거라고 여겨진다. 체계적 고찰은 보건의료 및 사회서비스와 교육, 그리고 교정 영역의 실천 및 정책의 의사결정에 유용하게 사용될 도구로서 그 중요성이 점차 커지고 있다(Jackson& Waters, 2005; Shlonsky, Noonan, Littell, & Montgomory, 2011). 이어지는 3절에서 체계적 고찰에 대해 보다 구체적으로 살펴볼 것이다.

3. 연구: 근거기반실천 실행을 위한 체계적 고찰 및 전환 연구

본 절에서는 연구와 실천 간의 괴리, 즉 '아는 것과 행하는 것' 사이의 간격을 줄이기 위해 서구 사회복지계에서 최근 초점을 맞추고 있는 두 가지 연구 활동을 정리하고자 한다. 지식 생성만큼 중요한 지식 전파와 전환을 위한 노력으로서 그 중요성이 더해지고 있는 체계적 고찰과 전환 연구에 관한 동향을 살펴볼 것이다.

1) 체계적 고찰

코크런연합(Cochrane collaboration)에서 발간하는 체계적 고찰이 보건의료 임상실무와 정책에 미치는 뜨거운 반응을 보면서, 사회적 개입의 영역에서도 최선의 실천에 대한 정보 요구를 충족할 대안으로 체계적 고찰의 필요성이 대두되고 있다(Petrosino, 2013). 체계적 고찰은 특정 개입에 대한 다수의 개별 연구 결과를 체계적인 분석 과정을 통하여 종합 분석하여 그 개입에 관한 내용을 종합적이고 체계적인 근거로 제시하는 것이다(Littell, Corcoran, & Pillai, 2008). 고찰 방법과 결과의 질 보장을 위해 관련 연구를 찾아 분석하고 종합하는 과정을 명확하고 투명하게 할것을 강조한다. 그렇게 해야만 연구자 편견을 최대한 줄이고, 최선의 근거로서 신뢰성과 재현성을 보장할 수 있기 때문이다. 특히 캠벨연합(Campbell Collaboration)에서 출간하는 체계적 고찰은 동료 점검(peer review)을 포함한 이중의 심사 제도와 주기적인 연구결과를 업데이트하여 일반 학술지에 출간된 체계적 고찰보다 양질의 정보를 제공하는 것으로 알려져 있다(Shlonsky & Ballan, 2012).

캠벨의 체계적 고찰은 모노그래프(단일 주제에 관해 보통 단행본 형태로 쓴 논문, ISSN: 1891~1803)식으로 출간되며 캠벨도서관을 통해 소장 관리된다. 코크런연합에서 운영하는 코크런도서관과 자매격이다. 캠벨연합은 국제적인 연구 네트워크 조직으로서 2000년 결성되었다. 교육과 범죄, 국제 개발, 그리고 사회복지 등 사회적 개입에 대한 고품질의 체계적 고찰을 생성, 교육, 배포함으로써 공공 및 민간 사회서비스 영역에서 더 나은 의사결정을 하도록 돕는 것을 설립 목적으로 하는 조직이다[7]. 2013년 9월 11일 기준으로 총 222개(사회복지

7) 미국의 사회과학자였던 도널드 캠벨(Donald T. Campbell) 박사의 이름을 기념하

분야 95개, 범죄와 정의 분야 66개, 교육 분야 48개, 국제 개발 분야 29개, 중복되는 분야 있음)의 체계적 고찰이 발간되었다.

체계적 고찰은 근거기반실천의 의사결정에 중요한 도구로서, 다음과 같은 질문에 대한 답을 구하는데 참고할 자료이다. "이 프로그램 또는 정책은 실행할 가치가 있는가?(Is this program or policy worth doing?)"(Brownson, Baker, Leet, & Gillespie, 2003). 대부분의 체계적 고찰이 개입의 효과성에 초점을 두고 있지만, 최근에는 진단 및 사정, 그리고 예방에 대한 질문에 따라 고찰하는 경우도 생기고 있다. 체계적 고찰은 메타분석과 마찬가지로 보통 실험설계식으로 조사된 개별 연구들을 분석의 대상으로 한다. 그러나 점차 보건의료 쪽에서 개입 연구를 평가하는 데 질적 근거의 필요성을 인식하면서, 질적 연구결과를 통합하여 체계적 고찰의 근거로서 종합하는 일이 시도되고 있다(Dixon-Woods et al., 2006; Noyes, Popay, Pearson, Hannes, & Booth, 2008). 체계적 고찰은 분명 유용한 정보이지만 결정적인 정보는 아니다. 현 시점에서 특정 개입의 효과성에 대해 알려줄 최선의 근거일 수 있지만, 결정적인 근거로 봐서는 곤란하다는 의미이다. 체계적 고찰은 실천지침과 달리 탈맥락적 개입을 강요하지 않는다. 체계적 고찰을 읽는 사람이 연구 결과의 장점과 적용성을 판단하는 것이 중요하다(Shlonsky, Noonan, Littell, & Montgomory, 2011). 그래서 캠벨연합에서는 가능한 한 평이한 단어와 문법으로 체계적 고찰을 작성하도록 하고 있다(Littell, Corcoran, & Pillai, 2008).

며 조직의 명칭을 캠벨연합이라 명명하였다고 한다. 캠벨 박사는 정부 개혁의 효과는 당연히 과학적 근거로 만들 수 있어야만 더 나은 정책과 실천이 가능하다고 주장했다. 궁극적으로 더 나은 사회가 되기 위해서는 사회적 개입에 대한 과학적 근거가 생성되고 활용되어야 함을 강조한 것이다. 본 내용의 출처는 다음과 같다. http://www.campbellcollaboration.org/background/index.php

〈표 3-5〉에서 체계적 고찰의 예를 살펴보려고 한다. 〈표 3-5〉 내용은 2012년 9월 캠벨연합에서 출간한 부모 교육 프로그램의 효과성에 대한 체계적 고찰의 초록을 다루고 있다. 본 내용은 부모 교육 프로그램을 개발하는 기관이 있다면, 개발과 평가를 하는 데에 참고할 하나의 자료가 될 수 있다. 본 체계적 고찰의 목표는 부모 교육 프로그램의 효과를 검증한 개별 연구들을 종합하여 부모 교육 프로그램이 부모의 정신건강에 미치는 영향에 대해 알려진 바를 정리하는 것이었다. 이와 같은 분명한 목표와 배경을 가지고 구체적인 검색 방법과 선정 기준을 설정(〈표 3-5〉의 검색 방법 및 선정 기준 참고)하였고, 1952년부터 2011년 12월 5일 현재 시점까지 찾을 수 있었던 출간 및 미출간 관련 논문 48편을 분석하였다. 분석 결과에 의하면, 부모 교육 프로그램은 부모의 정신건강(우울, 불안, 스트레스, 분노, 죄책감, 자신감, 자존감, 배우자와의 관계 만족)에 단기적으로 긍정적인 영향을 미친다. 그러나 개입의 효과가 6개월 이상 지속된다고 보기는 어려우며, 특히 아버지에게는 양육 스트레스 외의 다른 부분에서는 별 효과가 없다는 결론을 내리고 있다.

〈표 3-6〉은 2013년에 출간된 51개의 캠벨의 체계적 고찰 중에서 사회복지에 관한 체계적 고찰의 목록을 작성한 것이다(2013년 9월 11일 기준).

〈표 3-5〉 체계적 고찰의 예*

제목	Parent-Training Programmes for Improving Parental Psychosocial Health 부모의 심리사회적 건강 향상을 위한 부모 교육 프로그램
저자	Jane Barlow, Nadja Smailagic, Nick Huband, Verena Roloff, Cathy Bennett
출간일/발간이슈	2012년 9월 1일, 15(8)

초록

BACKGROUND
Parental psychosocial health can have a significant effect on the parent-child relationship, with consequences for the later psychological health of the child. Parenting programmes have been shown to have an impact on the emotional and behavioural adjustment of children, but there have been no reviews to date of their impact on parental psychosocial wellbeing.

배경: 부모의 심리 사회적 건강은 자녀와의 관계, 나아가 자녀의 심리적 건강에 중요한 영향을 미칠 수 있다. 부모 교육 프로그램이 아동의 정서와 행동 면에 영향을 미친다는 것은 증명되었으나, 부모의 심리사회적 건강에 미치는 영향에 대해서는 아직 밝혀지지 않았다.

OBJECTIVES
To address whether group-based parenting programmes are effective in improving parental psychosocial wellbeing(for example, anxiety, depression, guilt, confidence).

목표: 그룹으로 운영되는 부모 교육 프로그램이 부모의 심리사회적 건강(예를 들어, 긴장, 불안, 죄책감, 자신감 등)에 영향을 미치는지 알아보는 것이다.

SEARCH METHODS
We searched the following databases on 5 December 2011: CENTRAL(2011, Issue 4), MEDLINE(1950 to November 2011), EMBASE(1980 to week 48, 2011), BIOSIS(1970 to 2 December 2011), CINAHL(1982 to November 2011), PsycINFO(1970 to November week 5, 2011), ERIC(1966 to November 2011), Sociological Abstracts(1952 to November 2011), Social Science Citation Index(1970 to 2 December 2011), metaRegister of Controlled Trials(5 December 2011), NSPCC Library(5 December 2011). We searched ASSIA(1980 to current) on 10 November 2012 and the National Research Register was last searched in 2005.

검색 방법: 2011년 12월 5일 기준으로 다음과 같은 학술 전자 데이터베이스를 검색하였다. CENTRAL(2011년 4호 자료), MEDLINE(1950년 자료부터 2011년 11월 자료까지), EMBASE(1980년 자료부터 2011년 48주째의 자료까지), BIOSIS(1970년부터 2011년 12월 자료까지), CINAHL(1982년부터 2011년 11월 자료까지), PsycINFO(1970년부터 2011년 11월 5째주 자료까지), ERIC(1966년부터 2011년 11월 자료까지), Sociological Abstracts(1952년부터 2011년 11월 자료까지), Social

Science Citation Index(1970년부터 2011년 12월 자료까지), metaRegister of Controlled tials(2011년 12월 5일), NSPCC Library(2011년 12월 5일). 그리고 2012년 11월 10일 ASSIA(1980년부터 현재 시점의 자료까지)를 검색하였고, National Research Register는 2005년에 마지막으로 검색되었다.

SELECTION CRITERIA
We included randomized controlled trials that compared a group-based parenting programme with a control condition and used at least one standardized measure of parental psychosocial health. Control conditions could be waiting-list, no treatment, treatment as usual or a placebo.

선정 기준: 그룹식으로 진행된 부모 교육 프로그램의 효과를 비교한 무작위 통제 실험 연구를 포함하였는데 부모의 심리사회적 건강 측정을 위해 적어도 하나 이상의 표준화된 척도를 사용한 연구여야 했다. 통제 집단은 각각 대기자 명단을 활용했거나, 어떤 개입도 없었거나, 기존 개입을 제공했던 경우였다.

DATA COLLECTION AND ANALYSIS
At least two review authors extracted data independently and assessed the risk of bias in each study. We examined the studies for any information on adverse effects. We contacted authors where information was missing from trial reports. We standardized the treatment effect for each outcome in each study by dividing the mean difference in post-intervention scores between the intervention and control groups by the pooled standard deviation.

자료 수집 및 분석: 두 명의 연구자가 각자 따로 자료를 발췌하여 정리하였으며, 각 연구의 편견 수준을 검토하였다. 각 개입으로 인한 부정적 영향에 대한 정보가 있는지도 조사하였다. 연구 보고서에 충분한 정보가 없을 때는 원 연구자들을 접촉하였다. 표준편차로 개입 집단과 통제 집단 간의 개입 후 점수에 대한 평균 점수 차이를 나누는 식으로 하여 각 연구에서 나온 각각의 결과에 대해 치료 효과를 표준화하는 작업을 하였다.

RESULTS
We included 48 studies that involved 4937 participants and covered three types of programme: behavioral, cognitive-behavioral and multimodal. Overall, we found that group-based parenting programmes led to statistically significant short-term improvements in depression(standardized mean difference(SMD) -0.17, 95% confidence interval(CI) -0.28 to -0.07), anxiety(SMD -0.22, 95% CI -0.43 to -0.01), stress(SMD -0.29, 95% CI -0.42 to -0.15), anger(SMD -0.60, 95% CI -1.00 to -0.20), guilt(SMD -0.79, 95% CI -1.18 to -0.41), confidence(SMD -0.34, 95% CI -0.51 to -0.17) and satisfaction with the partner relationship(SMD -0.28, 95% CI -0.47 to -0.09). However, only stress and confidence continued to be statistically significant at six month follow-up, and none were significant at one year. There was no evidence of any effect on self-esteem(SMD -0.01, 95% CI -0.45 to 0.42). None

of the trials reported on aggression or adverse effects.
The limited data that explicitly focused on outcomes for fathers showed a statistically significant short-term improvement in paternal stress(SMD -0.43, 95% CI -0.79 to -0.06). We were unable to combine data for other outcomes and individual study results were inconclusive in terms of any effect on depressive symptoms, confidence or partner satisfaction.

결과: 총 4,937명이 참여했던 48개의 연구가 분석 대상이었다. 분석에 포함된 연구들은 행동주의적, 인지 행동적, 또는 다모드식(multimodal)으로 행해진 세 가지 유형의 부모 교육 프로그램의 효과에 대한 연구들이다. 도출된 결과를 보면 전반적으로 그룹식의 부모 교육 프로그램은 각각 우울, 불안, 스트레스, 분노, 죄책감, 자신감, 배우자와의 관계 만족면에서 통계적으로 유의미한 단기 향상을 보였다. 그러나 오직 스트레스와 자신감만이 6개월 후 추적조사에서도 지속되었고, 1년 후에는 어느 것도 효과가 지속되지 않았다. 어떠한 부모교육 개입도 부모의 자신감에는 영향을 미치지 않는 것으로 나타났다. 아버지에게 미친 영향을 특별히 조사한 연구에 의하면, 부모 교육 프로그램은 오직 양육 스트레스를 단기간 감소시키는 결과를 가져왔다. 아버지의 우울 증상, 자신감, 또는 배우자 관계에서의 만족 등에는 부모 교육 프로그램의 효과가 있다고 보기 어렵다.

AUTHORS' CONCLUSIONS
The findings of this review support the use of parenting programmes to improve the short-term psychosocial wellbeing of parents. Further input may be required to ensure that these results are maintained. More research is needed that explicitly addresses the benefits for fathers, and that examines the comparative effectiveness of different types of programme along with the mechanisms by which such programmes bring about improvements in parental psychosocial functioning.

저자의 결론: 본 체계적 고찰의 결과에 의하면, 부모 교육 프로그램은 부모의 정신건강을 단기적으로는 향상시킨다. 개입 효과 지속을 위해서는 추가적인 조치가 필요하다. 부모 교육 프로그램이 아버지에게 미치는 영향을 명확하게 밝히는 것은 현 시점에서는 어렵고 더 많은 연구가 필요하다. 또한, 각기 다른 유형의 부모 교육 프로그램의 효과를 비교하는 것과 함께 이러한 개입이 부모의 심리·사회적 건강에 어떤 식으로 영향을 미치는지 이해하기 위해서는 더 많은 연구가 필요하다.

* 198쪽에 달하는 본 체계적 고찰의 전문은 여기서 찾을 수 있다. 캠벨의 체계적 고찰은 무료로 이용할 수 있다. http://www.campbellcollaboration.org/lib/project/7/

〈표 3-6〉 캠벨의 체계적 고찰 리스트: 사회복지 분야(2013년 발간 목록)

Unemployment Benefit Exhaustion: Incentive Effects on Job Finding Rates: A Systematic Review / 실업수당 고갈이 구직률에 미치는 인센티브적 영향에 관한 체계적 고찰
Feeding Interventions for Improving the Physical and Psychosocial Health of Disadvantaged Children Aged Three Months to Five Years: Protocol for a Systematic Review / 3개월에서 5세 사이 빈곤 아동의 신체적 · 심리 사회적 건강 향상을 위한 수유 개입: 체계적 고찰을 위한 프로토콜
Housing Improvements for Health and Associated Socio-economic Outcomes: A Systematic Review / 건강 및 관련 사회 경제적 성과를 위한 주택개조에 관한 체계적 고찰
Interventions to Reduce Distress in Adult Victims of Sexual Violence and Rape: A Systematic Review / 성폭력 성인 피해자의 심리적 고통 감소를 위한 개입에 관한 체계적 고찰
Interventions to Improve the Economic Self-sufficiency and Well-being of Resettled Refugees/ 재정착 망명자들의 경제적 자립과 삶의 질 향상 개입에 관한 체계적 고찰
Psychosocial Interventions for Adults who were Sexually Abused as Children: A Systematic Review / 어릴 적 성 학대를 받았던 어른들을 위한 심리 사회적 개입에 관한 체계적 고찰
The Therapeutic Alliance and Psychotherapy Outcomes for Young Adults Aged 18 to 34: Protocol for a Systematic Review / 18세에서 34세 사이의 성인을 위한 치료적 관계연합과 심리치료 결과에 대한 체계적 고찰
Parent-Infant Psychotherapy for Improving Parental and Infant Mental Health: Protocol for a Systematic Review / 부모와 유아의 정신건강 향상을 위한 부모-유아 심리치료에 대한 체계적 고찰 프로토콜
12-Step Programs for Reducing Abuse of Illicit Drugs: Protocol for a Systematic Review / 불법 약물 남용을 줄이기 위한 12단계 프로그램에 대한 체계적 고찰을 위한 프로토콜
Detention of Asylum Seekers and the Impact on their Mental Health / 망명 신청자의 구금이 그들의 정신건강에 미치는 영향에 대한 체계적 고찰
Effects of Early, Brief Computerized Interventions on Risky Alcohol and Cannabis Use Among Young People: A Systematic Review / 초기 간단한 컴퓨터화된 개입이 알코올 남용과 대마초 흡연을 하는 젊은이에게 미치는 영향에 대한 체계적 고찰
Brief Strategic Family Therapy(BSFT) for Young People in Treatment for Non-Opioid Drug Use: A Systematic Review / 젊은이의 비아편 약물 문제 치료 목적의 간단 버전의 전략적 가족치료에 관한 체계적 고찰

2) 전환 연구

근거기반실천은 개입은 모름지기 근거에 기반을 두어야 한다는 가정에서 출발한다. 그런데 실험 연구와 관찰 연구 등을 통해 얻은 연구 결과를 실제 사회복지 실천에 전환(translated into) 하는 일이 그냥 일어나는 것이 아니며, 최선의 과학적 근거를 사용하는 것이 정말로 클라이언트의 삶에 변화를 가져오는지 측정하기란 쉽지 않은 일이다. "온갖 정보가 홍수처럼 쏟아지는 이 시기에 어떻게 제대로 된 정보를 추려낼 수 있는가?", "정보가 지식이 되고 그 지식이 실제 삶의 현장에 전환되는 메커니즘은 무엇인가?" 이와 같은 질문에 답을 구하고 연구와 실천 간의 괴리를 줄이는 것에 대한 논의는 예전부터 있어왔다. 그러나 지식의 전환에 대한 논의가 본격적으로 수면 위로 떠오른 것은 2004년 멕시코에서 열린 세계보건기구(WHO)의 「보건연구에 관한 장관급 회담(Ministerial Summit of Health Ministers)」에서였다[8]. 이후 주요 공공 및 민간 연구기관들에서 이 주제에 관심 기울이고 있다. 사회복지에서는 2007년 스톡홀름(Stockholm)에서 열린 「실행 및 전환연구학회(Conference on Implementation and Translational Research)」에서 이에 대한 주제를 본격적으로 다루기 시작했다[9]. 이 학회에 참여한 학자들은 다음과 같은 질문을 하였다.

"사회복지계에 근거기반실천이 도입된 지 십여 년이 넘는데도 개입의 성과 연구가 드문 이유는 무엇인가?"

---

8) 본 내용에 대한 출처는 다음과 같다. Knowledge Translation Toolkit, http://www.campbellcollaboration.org/resources/knowledge_translation/knowledge_translation_toolkit.php

9) 사회복지와 전환 연구에 관한 학회에서의 논의는 2009년 학술지 *Research on Social Work Practice*의 특별호에 게재되었다.

그리고 그에 대한 이유로서 지식의 전환 문제를 지적하며, 전환 연구(translational research)의 필요성을 언급하였다.

전환 연구란 연구 성과를 실제 적용하고 응용하도록 하는 것에 관한 연구이다. 우리말로 중개연구라고도 번역되는 전환 연구는 1993년 의학 논문에서 처음 등장하였다. 엄청나게 많은 기초과학 지식이 쌓이고 있음에도 불구하고 실제 임상에 적용할 신치료법의 개발이 더딘 현실을 지적하며 등장한 전환 연구는 2000년대 들어 보건의료 및 산업계 전반으로 급격히 그 필요성이 언급되고 있다(김석관, 2013). 구체적 내용에 대한 엄밀한 정의 없이 사용되어 개념적 혼란을 야기하는 바가 없지 않지만, 전환 연구는 기초 과학 연구 결과를 실제 사용될 단계로 연계하는 전 과정에 대한 연구로서 기초과학과 응용과학 사이를 연결하는 연구이다. 즉 기초에서 임상으로의 중개 가능성(translatability)을 높이는 것에 관한 연구이다. 전환 연구란 "기초연구 결과를 임상 적용에 가능한 신치료법(의약품, 의료기기, 진단 및 치료기술)으로 전환하는 것(bench to bedside)과, 임상연구에서 얻은 새로운 관찰이 기초연구를 촉발하는 것(bedside to bench)," 두 가지를 모두 아우르는 개념이다(김석관, 2013, p. 6에서 재인용). 전환 연구는 지식의 실천 적용이라는 목표 아래 크게 두 단계로 이루어져 있다. 첫 단계(Type

〈표 3-7〉 전환 연구 두 단계 비교*

단계	Type 1(T1)	Type 2(T2)
연구 목표	새로운 지식 창출	알려진 지식의 적용
지식의 성격	보편적 지식	맥락 의존적 · 국소적 지식
주요 내용	효과성 시험 (efficacy, effectiveness trials[10])	실행, 전파, 확산 (diffusion to practice)

* 김석관(2013). 중개연구의 개념과 성공 조건. STEPI Insight: 과학기술정책연구원, 1-15. 12쪽의 〈표 5〉를 참고하여 수정하였음.

1, T1)는 기초 연구를 보다 적용 가능한 형태로 만드는 것으로 효과성 시험(efficacy and effectiveness trials of clinical intervention)을 하는 것이다. 두 번째 단계(Type 2, T2)는 효과성이 입증된 최고의 개입을 전파하여 공공 활용하게 하는 것이다(Brekke et al., 2007, p. 123).

사회복지 문헌에서는 전환 연구를 개입연구의 일종으로("at the distal end of intervention research")(Fraser et al., 2009, p. 17) 소개하면서, 효과성을 검증받은 근거기반실천 프로그램들(evidence-based programs)을 전파하고, 보급하며, 실행하는 것에 관한 연구라고 정의하였다(Fraser, Richman, Galinsky, & Day, 2009). 근거기반실천식의 개입에 대한 현장의 반응이 기대보다 저조한 것을 문제로 인식하고 있음을 반영한 정의라고 보인다. 실행은 연구와 실천의 결합임에도 불구하고, 실행을 탈맥락적으로 보며, 마치 실험실에서 개입을 하는 식으로 접근한 것이 문제라고 인식하였다(Glasgow & Emmons, 2007). 즉

---

10) 두 단어는 모두 우리말로 '효과성'이라고 번역되지만 사실 다른 의미가 있다. 'Efficacy study'는 기타 조건들을 가능한 한 모두 제거하거나 통제한 세팅에서 개입의 결과를 측정하는 것이다. 여기서 연구자는 보통 개입 프로그램의 개발자로서 'efficacy trial'의 모든 과정에 깊이 관여한다. 거의 대부분 무작위 추출 통제 실험 방식으로 연구하는데 개발자는 의도대로 프로그램이 진행되도록 가능한 모든 노력을 기울인다. 'Efficacy trial'의 주목적은 실제 상황이 아닌 이상적인 상황에서 효과, 즉 개입이 의도하는 성과를 이끌어 내는지를 보고자 하는 것이다. 반면, 'effectiveness trial'은 'efficacy study'와 비슷한 수준의 엄격성을 갖추어 연구하는 것이지만, '실제 상황에서(under scale conditions)'에서 개입을 진행한다는 것이 다른 점이다(Hawkins, 2006). 'Effectiveness trial'에서는 개발자이자 연구자는 개입 결과에 영향을 미칠 어떤 것도 실행 과정에 하지 않는다. 또한 한 곳만이 아닌 여러 곳에서 개입 테스트를 진행한다. 여기서의 목표는 'efficacy trial'에서의 긍정적 결과가 'effectiveness trial'에서도, 즉 개발자의 주의 깊은 관여 없이도 여러 다른 곳에서 같은 효과를 나타내는 식으로 반복 실행될 수 있는지를 보는 것이다. 프로그램 개발자가 전달에 덜 관여하면서 충실성(fidelity)과 수정(adaptation)이 중요한 이슈가 된다. 어떠한 개입이 근거기반실천이라고 불리려면, 'efficacy trial'과 'effectiveness trial' 모두에서 긍정적인 결과가 나와야 한다(Fraser, Richman, Galinsky, & Day, 2009).

'efficacy trial'과 'effectiveness trial'의 차이를 인식하게 된 것이다.

최근 미국 국립정신보건국(NIMH)의 최우선 과제이기도 한 전환 연구를 하는 연구자들은 근거기반 프로그램이 각 기관에 적용되고 정착되는 과정을 밝히려는 시도를 하고 있다. 그리고 개입 프로그램이 사회복지사의 일상적 실천 방식으로 스며들어 통합되게 하는 활동과 과정을 연구하고 있다. 이러한 전환 연구 결과, 조직 차원에서는 기관의 문화 또는 기존 서비스 제공 방식에 익숙한 관계로 근거기반실천식 개입을 받아들이기 어려워하고, 실천가들은 지속적인 슈퍼비전과 행정 및 재정적 지원이 부족하여 근거기반실천을 실행하는 걸 부담스러워 하며, 개입의 성과에 대해서도 연구자와 실천가 간의 입장이 큰 차이를 보인다는 것을 밝혀내고 있다(Aarons, Hurlburt, & Horwitz, 2011; Palinkas, Aarons, Chorpita, Hoagwood, Landsverk, & Weisz, 2009). 또한, 최근 근거기반실천의 실행에 관한 연구를 통해 서비스 전달 체계 내에 근거기반실천식 개입이 전파되는데 필요한 조직의 혁신(예를 들어 근무시간, 전문직 개발 및 훈련 과정 등), 서비스 제공에 관한 글로벌 지식(global knowledge)과 맥락적 지식(local knowledge)의 교환 필요성에 대한 인식, 관련 이해관계자들의 참여와 협동의 필요성, 그리고 어떻게 그것이 이루어지는지를 연구하고 있다(Palinkas, et al., 2009).

전환 연구를 통해 개입의 효과성에 대한 것뿐 아니라 외적 타당성과 클라이언트의 다양성에 보다 주의를 기울일 필요를 명확히 하고 있다(Prohaska & Etkin, 2010). 근거기반실천 개입 프로그램이 전파되어 실행될 때에, 충실하게 원 프로그램의 내용을 따르면서도(fidelity), 맥락과 문화에 맞게 수정하는(adaptation) 문제에 관심을 기울이게 되면서(Brekke, Ell, & Palinkas, 2007), 일차적으로 검증된 개입을 각 현장에 실행하기 위해서는 다양한 연구 방법이 필요함을 인식하게 되었다. 실제 현장에서의 적용 과정과 활동에 초점을 둔만큼 전환 연구에서는 지역사회 기반 참여연구[11](community-based participatory research)와 혼합 연구방법(mixed-methods research)을 활용한 연구를 중요시한다(Palinkas & Soydan, 2012). 실제 상황에서 개입이 원래 의도대로 충실하게 실행되는지 모니터링하고 실천 현장의 반응을 보는 것이 개입의 진행 단계에서 중요해지면서 현장 연구, 또는 실행연구(action research)[12] 관점이 중요해지고, 연구자와 실천가 간의 협동이 더욱 필요해졌다.

사회복지 전환 연구에 유용한 개념적 틀이자 방법으로서 글래스고와 동료들(Glasgow et al., 2001)이 개발한 RE-AIM 모델이란 것이 있다. RE-AIM 모델은 지식이 실천으로 전환되며, 유지 및 제도화되는 과정을 설명하는 것으로서 개인 차원과 조직 차원의 과정과 결과를 다섯 가지 측면에서 평가하도록 구성되어 있다. RE-AIM(Reach, Efficacy, Adoption, Implementation, Maintenance) 모델은 근거기반실천

11) 지역사회 기반 참여연구는 연구의 모든 과정에 관련된 이해관계자들이 참여할 것을 강조한다. 구체적인 연구 방법이라기보다는 다양한 연구방법(서베이, 참여관찰, 심층면담, 포커스 그룹 등)을 통해 진행되는 과정에서 연구자와 참여자가 함께 만들어가는 과정을 중요시한다. 지역사회 기반 참여연구는 연구 과정에서 만들어지는 지식 및 과업을 공유하며 지역사회의 변화를 위한 실천을 함께 하는 방법이라고 정의된다(정민수 · 정유경 · 장사랑 · 조병희, 2008).

12) 실행연구는 문제해결을 위해 새로운 기술이나 접근방법을 개발하여 현장에서 직접 적용하여 효과를 알아보는 연구 방법이다. 실천가들이 자신이 처한 현실을 더 잘 이해하고 개선하는 활동을 추구하면서 수행하는 연구로 책상 앞에서만 이루어지는 연구의 일반적 성향과 비교하여 활동연구라고도 한다. 연구자가 처한 상황에 직접적으로 적용이 가능한 지식을 얻는 데 목적이 있기 때문에 일반적으로 편의적으로 연구대상을 표집하며, 일상적으로 사용되는 도구를 사용하여 자료를 수집하고, 통계적 유의미성보다는 실제적 유의미성에 초점을 두어 자료를 분석한다. 특히 연구결과가 실제에 어떤 영향을 미치는가를 밝히는 데 관심을 둔다. 성공적인 실행연구가 수행되려면 충분한 시간과 상당한 정도의 자율성, 그리고 연구자의 헌신적 노력이 필수적이다(한국교육심리학회, 2000). 출처: 네이버지식백과.

개입 프로그램이 제대로 실행되며 전파되고 있는지를 확인할 수 있는 전략으로 제시된다(Prohaska & Etkin, 2010).

에베렛 로저스(Everett Rogers)의 전파이론(diffusion of innovation, 1995) 등에 영향을 받은 RE-AIM 모델은 실제 실천현장에서 일어나는 이슈들에 초점을 맞추었다. 개별 실천가 차원과 기관 조직 차원의 요소들과 함께 개입이 장기적으로 유지되게 하는 데 영향을 미치는 요소들을 파악한다. 이 틀을 이용해서 개입 프로그램이 정말 필요한 클라이언트에게 제공되고 있는지, 기관에서는 인적·물적 자원을 활용하여 원래 의도대로 개입을 전달하는지를 사정할 수 있다. 단순히 클라이언트 수준에서의 성과뿐만 아니라 외부 조직 차원에서의 성과, 개입 과정, 참여자 선택에 관한 정보도 제공한다. 또한, RE-AIM 모델을 통해서 근거기반실천 개입에 대한 조직의 문화(저항, 융통성, 능숙함 정도), 그리고 조직과 실천가의 태도(도덕적 전념, 사기 충전, 스트레스 정도, 능력) 등을 점검할 수 있다. 이러한 요소들은 근거기반실천 개입의 성공적인 실행에 중요한 것들이다(Fortune, 2010). RE-AIM 모델의 장점은 통제된 실험실의 효과성 연구에서 나오는 단기간의 효과를 보는 것이 아니라 실제 상황에서 이루어지는 중장기적 효과에 초점을 두었다는 점이다(Glasgow, McKay, Piette, & Reynolds, 2001). RE-AIM 모델은 다음과 같은 다섯 가지 구성요소(Reach/도달, Efficacy/효과, Adoption/채택, Implementation/실행, Maintenance/유지)로 이루어졌으며 각 차원에서 개입의 영향을 평가하도록 한다(〈표 3-8〉, 〈표 3-9〉 참고).

〈표 3-8〉 RE-AIM 다섯 가지 평가 영역

평가 영역	사정 수준
Reach: 얼마나 많은 표적 클라이언트가 이 개입의 대상이 되는가?	개인 차원
Efficacy: 프로토콜대로 실행된다면 개입의 성공률은 어느 정도인가?	개인 차원
Adoption: 얼마나 많은 기관에서 이 개입을 선택하여 활용할 것인가?	조직 차원
Implementation: 이 개입은 실제 현장에 얼마나 원래 의도대로 실행될 수 있는가?	조직 차원
Maintenance: 이 프로그램은 얼마나 유지될 수 있는가?	개인 및 조직 차원

〈표 3-9〉 RE-AIM 모델에 따른 평가 질문*

1) 표적 클라이언트와 접근 / 홍보에 관한 질문(Reach)
   - 몇 % 정도의 표적 집단이 본 개입에 대해 알 수 있는가?
   - 가장 필요로 하는 클라이언트가 이 개입을 알게 되는가?

2) 효과성에 관한 질문(Efficacy 또는 effectiveness)
   - 다른 방법과 비교할 때 이 프로그램이 개입의 목표를 달성하는데 더 나은 방법인가?
   - 이 개입으로 의도치 않은 부정적인 결과를 만들어내지는 않는가?
   - 삶의 질과 관련하여 이 개입은 어떤 식으로 클라이언트의 삶에 영향을 미치는가?

3) 채택에 관한 질문(Adoption)
   - 이 개입으로 가장 혜택을 받을 클라이언트를 돕는 기관이 본 개입을 사용할 것인가?
   - 사각지대에 놓인 또는 고위험 집단을 돕는 기관이 이 개입을 사용할 것인가?
   - 이 개입은 그 기관의 주요 임무를 달성하는 데 도움이 되는가?

4) 실행에 관한 질문(Implementation)
   - 적당한 훈련과 기술을 갖춘(고도의 훈련이 없어도) 직원들에 의해 개입이 일관성 있게 전달될 수 있는가?
   - 기관 내 몇 명의 직원이 이 개입에 관여하는가?
   - 직원의 숙련 정도에 상관없이 이 개입이 성공적으로 실행될 수 있는가?
   - 개입의 구성 요소들이 의도대로 전달되는가?

5) 개입 및 개입 효과 지속에 관한 질문(Maintenance)
   - 이 프로그램은 개인 차원에서 오래 지속되는 효과가 있는가?
   - 기관은 이 프로그램을 오래도록 제공할 수 있는가?
   - 개입의 효과가 유지되는 클라이언트가 있다면 그는 가장 도움이 필요한 클라이언트였는가?

* 표 내용의 출처는 다음과 같다. Fortune, A. E., McCallion, P., & Briar-Lawson, K.(2010). Building evidence-based intervention models. In *Social work practice research for the 21st century*(pp. 279-295). New York, NY: Columbia University press. p. 289의 〈table 26-1〉.

| 참고문헌 |

감정기 · 최원영 · 진재문(2002). 사회복지의 역사. 서울: 나남출판.

공계순 · 서인해(2005). 전통모델과 증거기반실천모델: 증거기반실천모델의 실제와 한국에서의 적용가능성. 『한국사회복지학회 추계학술대회 주제발표 자료집』. 159-180.

공계순 · 서인해(2006). 증거기반 사회복지실천에 대한 이해와 한국에서의 적용가능성에 관한 연구. 『사회복지연구』, 31, 77-102.

김석관(2013). 중개연구의 개념과 성공 조건. 『STEP I Insight: 과학기술정책연구원』, 1-15.

김영미 · 박미진(2007). 증거기반실천모델의 채택에 대한 사회복지사의 태도 연구. 『사회과학연구』, 23(2), 281-303.

김유진(2007). 근거중심실천소개: 근거중심 사회복지실천의 필요성과 유익성에 대한 고찰. 『한국사회복지조사연구』, 16, 27-48.

김유진(2008). 사회복지실천가의 근거중심실천의 적용에 대한 인식: 근거중심실천 적용의 유용성과 한계성을 중심으로. 『한국사회복지조사연구』, 19, 275-296.

김유진 · 채수진 · 정윤경(2007). 근거중심 사회복지실천방법의 적용에 대한 연구: Gibbs의 근거중심사회복지실천의 일곱 단계를 중심으로. 『한국사회복지조사연구』, 17, 1-26.

김정태 · 김종윤 · 김명천 · 유기연(2013). 임상약학 교육에서의 문제중심학습 수업 방법 적용 평가. 『한국임상약학회지』, 23(1), 65-70.

박정임(2012). 사회복지사를 위한 근거중심 사회복지실천교육 및 훈련프로그램의 개발 및 효과성에 관한 연구. 『보건사회연구』, 32(3), 221-271.

이원영(2012). 영국 NICE 의료기술평가의 환자 및 시민참여 경험에 대한 고찰. 『비판사회정책』, 34, 47-75.
정민수 · 정유경 · 장사랑 · 조병희(2008). 지역사회 기반 참여연구 방법론. 『보건교육 · 건강증진학회지』, 25(1), 83-104.
황성동(2011). 근거기반실천에 대한 태도 척도 검증. 『사회과학연구』, 27(4), 77-97.

Aarons, G., Hurlburt, M., & Horwitz, S. M.(2011). Advancing a conceptual model of evidence-based practice implementation in public service sectors. *Administrative Policy Mental Health*, 38, 4-23.
Altman, D. G.(2002). Poor-quality medical research: What can journals do? *Journal of the American Medical Association*, 287, 276-2767.
American Psychological Association.(2006). Evidence-based practice in psychology(A report of the APA task force on evidence-based practice). *American Psychologist*, 61, 271-285.
Armstrong, D.(2002). Clinical autonomy, individual and collective: the problem of changing doctors' behaviour. *Social Science and Medicine*, 55(10), 1771-1777.
Arnd-Caddiganm M., & Pozzuto, R.(2010). Evidence-based practice and the purpose of clinical social work. *Smith College Studies in Social Work*, 80(1), 35-52.
Atherton, C., Barratt, M., & Hodson, R.(2005). *Teamwise, using research evidence: a practical guide for teams*. Dartington, England: Research in Practice.
Austin, M. J., & Claassen, J.(2008). Implementing evidence based practices in human services organization: preliminary lessons from the front-lines. *Journal of Evidence-Based Social Work*, 5, 271-293.
Avis, M., & Freshwater, D.(2006). Evidence for practice, epistemology, and critical reflection. *Nursing Philosophy*, 7, 216-224.
Baker, C.(n.d.). *Outcome evaluation for REACH-SW*. http://www.danya.com/reach/evaluation.asp
Barber, J. G.(2012). Putting evidence-based practice into practice. In C. N. Dulmus & K. M. Sowers(Eds.), *The profession of social work: guided by history, led by evidence*(pp. 191-202). Hoboken, NJ: John Wiley & Sons.
Bellamy, J. L., Bledsoe, S. E., & Traube, D. E.(2006). The current

state of evidence-based practice in social work: a review of the literature and qualitative analysis of expert interviews. *Journal of Evidence-Based Social Work*, 3(1), 23-48.

Bennett, S., Tooth, L., McKenna, K., Rodger, S., Strong, J., Ziviani, J., Mickan, S., & Gibson, L.(2003). Perceptions of evidence-based practice: a survey of Australian occupational therapists. *Australian Occupational Therapy Journal*, 50, 13-22.

Bergmark, A., Bergmark, A., & Lundstrom, T.(2012). The mismatch between the map and the terrain: evidence-based social work in Sweden. *European Journal of Social Work*, 15(4), 598-609.

Bledsoe, S. E., Weissman, M. M., Mullen, E. J., Ponniah, K., Gameroff, M. J., Verdeli, H., ... & Wickramaratne, P.(2007). Empirically supported psychotherapy in social work training programs: Does the definition of evidence matter? *Research on Social Work Practice*, 17(4), 449-455.

Bledsoe-Mansori, S. E., Manuel, J. I., Bellamy, J. L., Fang, L., Dinata, E., & Mullen, E. J.(2013). Implementing evidence-based practice: Practitioner assessment of an agency-based training program. *Journal of evidence-based social work*, 10(2), 73-90.

Bloom, M., Fischer, J., & Orme, J. G.(1982). *Evaluating practice*. Boston, MA: Allyn & Bacon.

Bodgan-Lovis, E. A.(2006). Gift horse or Trojan horse? Social science perspectives on evidence-based health care. *Social Science & Medicine*, 62, 2613-2620.

Brekke, J. S., Ell, K., & Palinkas, L. A.(2007). Translational science at the National Institute of Mental Health: can social work take its rightful place? *Research on Social Work Practice*, 17(1), 123-133.

Briggs, H. E., & McBeath, B.(2009). Evidence-based management: origins, challenges, and implications for social service administration. *Administration in Social Work*, 33, 242-261.

Brownson, R. C., Baker, E. A., Leet, T. L., & Gillespie, K. N.(2003). *Evidence-based public health*. New York: Oxford University Press.

Chalmers, I.(2003) Trying to do more good than harm in policy and practice: the role of rigorous, transparent, up-to-date evaluations. *The Annals of the American Academy of Political and Social Science,*

589(1), 22-40.

Chelimsky, E.(2007). Factors influencing the choice of methods in federal evaluation practice. *New Directions for Evaluation*, 113, 13-33.

Cnaan, R. A., & Dichter, M. E.(2008). Thoughts on the use of knowledge in social work practice. *Research on Social Work Practice*, 18(4), 278-284.

Cochrane, A. L.(1972). Effectiveness and efficiency: random reflections on health services. London: Nuffield Provincial Hospitals Trust. Excerpts are also available online at www.cochrane.org/about-us/history/archie-cochrane

Cohen, A. M., Stavri, P. Z. & Hersh, W. R.(2004). A categorization and analysis of the criticisms of evidence-based medicine. *International Journal of Medical Informatics*, 73(1), 35-43.

Council on Social Work Education.(2008). Educational policy and accreditation standards. Retrieved from http://www.cswe.org/Accreditation/ 2008EPASDescription.aspx

Cournoyer, B, R. & Powers, G. T.(2002). Evidence-based social work: The quiet revolution continues. In A. R. Robert, A. R. & G. Greene(Eds.), *Social workers' desk reference*(pp. 798-807). Oxford, UK: Oxford University Press.

Cronbach, L. J.(1975). Beyond the two disciplines of scientific psychology. *American Psychologist*, 30, 116-127.

Denvall, V.(2008). Evidence in action: A Thompsonian perspective on evidence-based decision-making in social work. *European Journal of Social Work*, 11, 29-42.

Devisch, I., & Murray, S.(2009). "We hold these truths to be self-evident": deconstructing "evidence based" medical practice. *Journal of Evaluation in Clinical Practice*, 15, 950-954.

Dill, K., & Shera, W.(2012). Pushing the envelope: future directions for evidence-informed practice. In K. Dill, & W. Shera(Eds.), *Implementing evidence-informed practice: international perspectives*(pp. 11-26). Toronto, Ontario: Canadian Scholars' Press.

Dixon-Woods, M., Bonas, S., Booth, A., Jones, D. R., Miller, T., Sutton, A. J., Shaw, R. L., Smith, J. A., & Young, B.(2006). How can systematic reviews incorporate qualitative research? A

critical perspective. *Qualitative Research*, 6(1), 27-44.
Donaldson, S. I., Christie, C. A., & Mark, M. M.(Eds.).(2009). *What counts as credible evidence in applied research and evaluation practice?* Thousand Oaks, CA: Sage.
Drisko, J. W., & Grady, M. D.(2013). *Evidence-based practice in clinical social work*. New York; Springer.
Duggal, R., & Menkes, D.(2011). Evidence-based medicine in practice. *International Journal of Clinical Practice*, 65(6), 639-644.
Dulmus, C. N., & Sowers, K. M.(Eds.).(2012). *The profession of social work: guided by history, led by evidence*. Hoboken, NJ: John Wiley & Sons.
Dybciz, P.(2004). An inquiry into practice wisdom. Families in Society. *Journal of Contemporary Human Services*, 85(2), 197-203.
Eddy, D. M.(1990). Practice policies: where do they come from? *Journal of the American Medical Association*, 263(9), 1265-1275.
Eddy, D. M.(2005). Evidence-based medicine: a unified approach. *Health Affairs*, 24(1), 9-17.
Editorial.(2010). Reconsidering evidence-based policy: key issues and challenges. *Policy and Society*, 29, 77-94.
Egerod, L., & Hansen, G. M.(2005). Evidence-based practice among Danish cardian nurses: a national survey. *Journal of Advanced Nursing*, 51(5), 465-473.
Epstein, I.(1996). In quest of a research-based model for clinical practice: Or, why can't a social worker be more like a researcher? *Social Work Research*, 20, 97-100.
Epstein, I.(2001). Using available information in practice-based research: Minding for silver while dreaming of gold. In I. Epstein & S. Blumenfield(Eds.), *Clinical data-mining in practice-based research: social work in hospital settings*(pp. 15-32). Binghamton, NY: Haworth Press.
Epstein, I.(2009). Promoting harmony where there is commonly conflict: evidence-informed practice as an integrative strategy. *Social Work in Health Care*, 48, 216-231.
Fisher, J.(1978). Does anything work? *Journal of Social Service Research*, 1, 215-243.
Fook, J.(2004). What professional need from research: beyond evidence-based practice. In D. Smith.(Ed.), *Social work and*

evidence-based practice(pp. 29-46). London, UK: Jessica Kingsley Publishers: London and Philadelphia.

Fortune, A. E.(2010). Empirical practice in social work. In A. E. Fortune, P. McCallion, & K. Briar-Lawson. *Social work practice research for the 21st century*(pp. 23-30). Columbia University Press: New York.

Fortune, A. E., McCallion, P., & Briar-Lawson, K.(2010). Building evidence-based intervention models. In P. McCallion, & K. Briar-Lawson. *Social work practice research for the 21st century*(pp. 279-295). New York, NY: Columbia University press.

Foucault, M.(1980). *Power/knowledge: Selected interviews and other writings*, 1972-1977. Random House Digital, Inc.

Fraser, M. & Taylor, M. J.(1991). Social work and science: Many ways of knowing? *Social Work Research and Abstracts*, 27, 5-16.

Fraser, M. W., Richman, J. M., Galinsky, M. J., & Day, S. H.(2009). *Intervention research: developing social programs*. New York, Oxford University Press.

Fraser, M. W.(2004). Intervention research in social work: Recent advances and continuing challenges. *Research on Social Work Practice*, 14, 210-222.

Gambrill, E.(1999). Evidence-based practice: An alternative to authority based practice. *Families in Society: The Journal of Contemporary Human Services*, 80, 341-350.

Gambrill, E.(2003). Evidence-based practice: Sea change or the emperor's new clothes? *Journal of Social Work Education*, 39, 3-23.

Gambrill, E.(2006). Evidence-based practice and policy: Choices ahead. *Research on Social Work Practice*, 16(3), 338-357.

Gambrill, E.(2007). Transparency as the route to evidence-informed professional education. *Research on Social Work Practice*, 17(5), 553-560.

Gambrill, E.(2008). Evidence-based(informed) macro practice: Process and philosophy. *Journal of evidence-based social work*, 5(3-4), 423-452.

Gambrill, E.(2010). Evidence-informed practice: Antidote to propaganda in the helping professions? *Research on Social Work Practice*, 20(3), 302-320.

Gambrill, E.(2011). Evidence-based practice and the ethics of discretion.

Journal of Social Work, 11(1), 26-48.

Gambrill, E.(2012). Evidence-informed practice. In Thyer, B. A., Dulmus, C. N., & Sowers, K. M.(Eds.), *Developing evidence-based generalist practice skills*(pp. 1-24). Somerset, NJ: Wiley.

Gambrill, E., & Gibbs, L.(2002). Making Practice Decisions: Is What's Good for the Goose Good for the Gander? *Ethical Human Sciences and Services*, 4(1), 31-46.

Gibbs, L.(2003). *Evidence-based practice for the helping professions*. Pacific Grove, CA: Brooks/Cole.

Gilgun, J. F.(2005). The four cornerstones of evidencebased practice in social work. *Research on Social Work Practice*, 15, 52-61.

Gitterman, A., & Knight, C.(2013). Evidence-guided practice: integrating the science and art of social work. Families in Society: *The Journal of Contemporary Social Sciences*, 94(2), 70-78.

Glasgow, R. E., & Emmons, K. M.(2007). How can we increase translation of research into practice? Types of evidence needed. *Annual Review of Public Health*, 28, 413-433.

Glasgow, R. E., McKay, H. G., Piette, J. D., & Reynolds, K. D.(2001). The RE-AIM framework for evaluating interventions: what can it tell us about approaches to chronic illness management? *Patient education and counseling*, 44(2), 119-127.

Goldenberg, M. J.(2006). On evidence and evidence-based medicine. *Lessons from the philosophy of science. Social Science & Medicine*, 62(11), 2621-2632.

Goppner, H-J.(2012). Epistemological issues of social work science as a translational action science. *Research on Social Work Practice*, 22(5), 542-547.

Gould, N.(2010). Integrating qualitative evidence in practice guideline development: meeting the challenge of evidence-based practice for social work. *Qualitative Social Work*, 9(1), 93-109.

Grady, M. D.(2010). The missing link: The role of social work schools and evidence-based practice. *Journal of Evidence-Based Social Work*, 7(5), 400-411.

Gray, J. A. M.(2001). *Evidence-based health care: how to make health policy and management decisions*(2nd ed.). New York: Churchill Livingstone.

Gray, M. & Mcdonald, C.(2006). Pursuing good practice: The limits of evidence-based practice. *Journal of Social Work*, 6(1), 7-20.

Gray, M., & Schubert, L.(2013). Knowing what we know about knowledge in social work: the search for a comprehensive model of knowledge production. International Journal of Social Welfare, http://onlinelibrary.wiley.com/doi/10.1111/ijsw.12013/abstract;jsessionid=186AE75BCC00875C3A4F1312544D07EC.d02t02?deniedAccessCustomisedMessage=&userIsAuthenticated=false

Gray, M., Joy, E., Plath, D., & Webb, S. A.(2013). Implementing Evidence-Based Practice in the Human Services: A Review of the Empirical Research Literature. http://s3.amazonaws.com/academia.edu.documents/30234757/EBPLitReviewpap_revised_12-10-12_FINAL_CHANGES.pdf?AWSAccessKeyId=AKIAIR6FSIMDFXPEERSA&Expires=1380794315&Signature=ID%2BpY%2FLQJaTSs2vOZJnKGDKPkmo%3D&response-content-disposition=inline

Gray, M., Plath, D., & Webb, S. A.(2009). *Evidence-based social work: a critical stance*. New York: Routledge.

Graybeal, C. T.(2007). Evidence for the art of social work. *Families in Society*, 88(4), 513-523.

Green, L. W.(2006). Public health asks of systems science: to advance our evidence-based practice, can you help us get more practice-based evidence? *American Journal of Public Health*, 96(3), 406-409.

Greene, J. C.(2009). Evidence as "proof" and evidence as "inkling". In S. L. Donaldson, C. A. Christie & M. M. Mark(Eds.), *What counts as credible evidence in applied research and evaluation practice?*(pp. 153-167). Thousand Oaks, CA: Sage.

Greenhalgh, T.(2010). *How to read a paper: the basics of evidence based medicine(4th ed.)*. Hobokeb, NJ: BMJ Books.

Groopman, J.(2010, February 11). Health care: who knows 'best'. The New York: *Review of Books.*

Gupta, M.(2011). Improved health or improved decision making? The ethical goals of EBM. *Journal of Evaluation in Clinical Practice*, 17, 957-963.

Guyatt, G. H., Meade, M. O., Jaeschke, R. Z., Cook, D. J. & Haynes, R. B.(2000). Practitioners of evidence based care. *British Medical Journal*, 320, 954-955.

Guyatt, G., H., & Rennie, D.(2002). *Users'*guide to the medical literature. Chicago: AMA Press.

Hampton, J. R.(2002). Evidence-based medicine, opinin-based medicine, and real-world medicine. *Perspectives in Biology and Medicine*, 45(4), 549-568.

Haynes, R. B., Devereaux, P. J., & Guyatt, G. H.(2002). Clinical expertise in the era of evidence-based medicine and patient choice. *Evidence Based Medicine*, 7(2), 36-38.

Hawkins, D. J.(2006). Science, social work, prevention: finding the intersections. *Social Work Research*, 30(3), 137-152.

Heineman, M. B.(1981). The obsolete scientific imperative in social work research. *Social Service Review*, 55, 371-397.

Holmes, D., Murray, S. J., Perron, A., Rail, G.(2006). Deconstructing the evidence-based discourse in health sciences: truth, power and fascism. *International Journal of Evidence Based Health*, 4, 180-186.

Holmes, D., Perron, A., & O'Byrne, P.(2006). Evidence, virulence, and the disappearance of nursing knowledge: a critique of the evidence-based dogma. *Worldviews on Evidence-Based Nursing,* 3rd quarter, 95-102.

Holosko, M. J.(2010). What types of designs are we using in social work research and evaluation? *Research on Social Work Practice*, 20(6), 665-673.

Howe, K.(2004). A critique of experimentalism. *Qualitative Inquiry*, 10(2), 42-61.

Humphries, B.(2003). What else counts as evidence in evidence-based social work? *Social Work Education*, 22, 81-91.

Imre, R. W.(1984). The nature of knowledge in social work. *Social Work*, 29(1), 41-45.

Jackson, N., & Waters, E.(2005). Criteria for the systematic review of health promotion and public health interventions. *Health Promotion International*, 20(4), 367-374.

Jayaratne, S., Levy, R. L., & Levy, R.(1979). *Experimental Clinical Practice*. New York, NY: Columbia University Press.

Jenson, J. M.(2005). Connecting science to intervention: advances, challenges, and the promises of evidence-based practice. *Social Work Research*, 29(3), 131-135.

Julian, G., & Proykov, T.(2012). Tacit knowledge as evidence: the role of conversation and stories in the validation of practice wisdom. In K. Dill, & W. Shera(Eds.), *Implementing evidence-informed practice: international perspectives*(pp. 27-39). Toronto, Ontario: Canadian Scholars Press.

Jung, S. B.(2011). Evaluating the impact of evidence-based practice and policy in public health: a case study on parent-child interaction therapy. http://dukespace.lib.duke.edu/dspace/handle/10161/5391

Kessl, F.(2009). Critical reflexivity, social work and the emerging European post-welfare states. *European Journal of Social Work,* 12(3), 305-317.

Kirk, S. A.(1990). Research utilization: the substructure of belief. In L. Videka-Sherman, & W. J. Reid.(Eds.), *Advances in clinical social work research*(pp. 233-250). Silver Spring, MD: NASW Press.

Kirk, S. A., & Reid, W. J.(2002). *Science and social work: a critical approach*. New York: Columbia University Press.

Kitson, A.(2004). The state of the art and science of evidence-based nursing in UK and Europe. *Worldviews on Evidence-Based Nursing,* First Quater, 6-8.

Kumar, S., Grimmer-Somers, & Hughes, B.(2010). The ethics of evidence implementation in health care. *Physiotherapy Research International*, 15, 96-102.

Lincoln, Y. S., & Cannella, G.(2004). Dangerous discourses: methodological conservatism and governmental regimes of truth. *Qualitative Inquiry*, 10, 5-14.

Littell, J. H.(2012). Evidence-based or biased? Why methods of research synthesis matter. In T. L. Rzepnicki, S. G. McCracken, & H. E. Briggs.(2012). *From task-centered social work to evidence-based and integrative practice: reflections on history and implementation*(pp. 3-14). Chicago, IL: Lyceum.

Littell, J. H., Corcoran, J., & Pillai, V.(2008). *Systematic reviews and meta-analysis*. New York: Oxford University Press.

Longhofer, J., & Floersch, J.(2012). The coming crisis in social work:

some thoughts on social work and science. *Research on Social Work Practice*, 22(5), 499-519.

Lord, S. A., & Judice, J.(2012). Social workers in private practice: a descriptive study of what they do. *Clinical Social Work Journal*, 40, 85-94.

Macdonald, G.(1999). Evidence-based social care: wheels off the runway? *Public Money & Management*, 19(1), 25-32.

Manela, R. W., & Moxley, D. P.(2002). Best practices as agency-based knowledge in social welfare. *Administration in Social Work*, 26(4), 1-24.

Manuel, J. I., Mullen, E. J., Fang, L., Bellamy, J. L., & Bledsoe, S. E.(2009). Preparing social work practitioners to use evidence-based practice A comparison of experiences from an implementation project. *Research on Social Work Practice*, 19(5), 613-627.

Marsh, J. C.(2012). Learning by intervening: examining the intersection of research and practice. In T. L. Rzepnicki, S. G. McCracken, & H. E. Briggs.(2012). *From task-centered social work to evidence-based and integrative practice: reflections on history and implementation*(pp. 3-14). Chicago, IL: Lyceum.

Marsh, P., & Fisher, M.(2008). The development of problem-solving knowledge for social care practice. *British Journal of Social Work*, 38, 971-987.

Marx, J. D. & Hopper, F.(2005). Faith-based versus factbased social policy: The case of teenage pregnancy prevention. *Social Work*, 50, 280-282.

Maxwell, J. A.(2004). Reemergent scientism, postmodernism, and dialogue across differences. *Qualitative Inquiry*, 10(1), 35-41.

McCord, J.(1992). The Cambridge-Somerville Study: A pioneering longitudinal experimental study of delinquency prevention. In J. McCord, & R. E. Tremblay(Eds.). *Preventing antisocial behavior: Interventions from birth through adolescence*(pp. 196-206). New York, NY: Guilford Press.

McLeod, J.(1999). *Practitioner research in counseling*. London, UK: Sage.

McNeece, C. A., & Thyer, B. A.(2004). Evidence-based practice and social work. *Journal of evidence-based social work*, 1(1), 7-25.

McNeil, T.(2006). Evidence-based practice in an age of relativism: toward a model for practice. *Social Work*, 51(2), 147-155.

Messer, S. B. & Wampold, B. E.(2002). Let's face facts: common factors are more potent than specific therapy ingredients. *Clinical Psychology Science and Practice*, 9(1), 21-25.

Miles, A., Bentley, P., Polychronis, A., Grey, J. & Melchiorri, C.(2001). Recent developments in the evidence-based healthcare debate. *Journal of Evaluation in Clinical Practice*, 7(2), 85-89.

Morago, P.(2006). Evidence-based practice: from medicine to social work. *European Journal of Social Work*, 9(4), 461-477.

Mullen, E. J., & Streiner, D. L.(2004). The evidence for and against evidence-based practice. *Brief Treatment and Crisis Intervention*, 4(2), 111-121.

Mullen, E.J. & Bacon, W.(2004). Implementation of practice guidelines and evidence-based treatment: A survey of psychiatrists, psychologists and social workers. In A. R. Roberts & K. R. Yeager(Ed.). *Evidence-based practice manual*(pp. 210-218). Oxford: Oxford University Press.

Nothdurfter, U., & Lorenz, W.(2010). Beyond the pro and contra of evidence-based practice: *reflections on a recurring dilemma at the core of social work*. *Social Work & Society*, 8(1), 46-59.

Noyes, J., Popay, J., Pearson, A., Hannes, K., & Booth, A.(2008). Qualitative research and Cochrane reviews. In Higgins, J. P. T.(Ed.). *Cochrane Handbook for Systematic Reviews of Interventions* (pp. 517-592). John Wiley: Chichester.

Nutley, S., Walter, I., & Davies, H.(2009). Promoting evidence-based practice: models and mechanisms from cross-sector review. *Research on Social Work Practice*, 19, 552-559.

O'Sullivan, T.(2005). Some theoretical propositions on the nature of practice wisdom. *British Journal of Social Work*, 5(2), 212-242.

Oakley, A.(2000). *Experiments in Knowing: Gender and Method in the Social Sciences.* Polity: Cambridge.

Osmond, J.(2006). Knowledge use in social work practice: Examining its functional possibilities. *Journal of Social Work*, 6(3), 221-237.

Otto, H. U., & Ziegler, H.(2008). The notion of causal impact in evidence-based social work: an introduction to the special issue on what works? *Research on Social Work Practice*, 18(4), 273-277.

Otto, H. U., Polutta, A., & Ziegler, H.(2009). Reflexive professionalism as a second generation of evidence-based practice: some considerations on the special issue "what works modernizing the knowledge-base of social work". *Research on Social Work Practice*, 19(4), 472-478.

Palinkas, L. A., & Soydan, H.(2012). *Translation and implementation of evidence-based practice*. New York: Oxford University Press.

Palinkas, L. A., Aarons, G. A., Chorpita, B. F., Hoagwood, K., Landsverk, J., & Weisz, J. R.(2009). Cultural Exchange and the Implementation of Evidence-Based Practices Two Case Studies. *Research on Social Work Practice*, 19(5), 602-612.

Palinkas, L. A., Aarons, G. A., Horwitz, S., Chamberlain, P., Hurlburt, M., & Landsverk, J.(2011). Mixed method designs in implementation research. *Administrative Policy Mental Health*, 38, 44-53.

Petr, C. G.(Ed.).(2009). *Multidimensional evidence-based practice: synthesizing knowledge, research, and values*. New York: Routledge.

Petr, C. G., & Walter, U.(2005). Best practices inquiry: a multi-dimensional, value-critical framework. *Journal of Social Work Education*, 41(2), 251-268.

Petr, C. G., & Walter, U. M.(2009). Evidence-based practice: a critical reflection. *European Journal of Social Work*, 12(2), 221-232.

Petrosino, A.(2013). Reflections on the Genesis of the Campbell Collaboration. *The Experimental Criminologist*, 8, 9-12.

Powell, J.(2005). Value talk in social work research: reflection, rhetoric, and reality. *European Journal of Social Work*, 8(1), 21-37.

Proctor, E. K.(2004). Leverage points for the implementation of evidence-based practice. *Brief Treatment and Crisis Intervention*, 4(3), 227-242.

Proctor, E. K.(2007). Implementing evidence-based practice in social work education: principles, strategies, and partnerships. *Research on Social Work Practice*, 17, 583-591.

Proctor, E. K., Knudsen, K. J., Fedoravicius, N., Hovmand, P., Rosen,

A., & Perron, B.(2007). Implementation of evidence-based practice in community behavioral health: Agency director perspectives. *Administration and Policy in Mental Health and Mental Health Services Research*, 34(5), 479-488.

Prohaska, T. R., & Etkin, C. D.(2010). External validity and translation from research to implementation. *Generations: Journal of the American Society on Aging*, 34(1), 59-65.

Rahman, A., & Applebaum, R.(2010). What's All This about Evidence-Based Practice? The roots, the controversies, and why it matters. *Generations*, 34(1), 6-12.

Regehr, C., Stern, S., & Shlonsky, A.(2007). Operationalizing evidence-based practice: the development of an institute for evidence-based social work. *Research on Social Work Practice*, 17(3), 408-416.

Reid, W. J.(1981). Mapping the knowledge base of social work. *Social Work*, March, 124-132.

Reid, W. J.(2001). The role of science in social work. *Journal of Social Work*, 1(3), 273-293.

Reid, W. J.(2002). Knowledge for direct social work practice: an analysis of trends. *Social Service Review*, 76(1), 6-33.

Reid, W. J., & Smith, A. D.(1989). *Research in Social Work*(2nd ed.). New York: Columbia University Press.

Reid, W. J., Kenaley, B. D., & Colvin, J.(2004). Do some interventions work better than others? A review of comparative social work experiments. *Social Work Research*, 28, 71-81.

Roberts-DeGennaro, M.(2008). Evidence-based(informed) macro practice paradigm: Integration of practice expertise and research. *Journal of evidence-based social work*, 5(3-4), 407-421.

Roose, R., Roets, G., Bouverne-De Bie, M.(2012). Irony and social work: in search of the happy Sisyphus. *British Journal of Social Work*, 42, 1592-1607.

Rosen, A.(2003). Evidence-based social work practice: Challenges and promises. *Social Work Research*, 27, 197-208.

Rosen, A., Proctor, E. K., & Staudt, M.(1999). Social work research and the quest for effective practice. *Social Work Research*, 23, 4-14.

Rosenthal, T.(1994). Science and ethics in conducting, analyzing, and reporting psychological research. *Psychological Science*, 5(3), 127-134.

Rossi, P. H., Lipsey, M. W., & Freeman, H. E.(2003). *Evaluation: a systematic approach*(7th ed.). Thousand Oaks, CA: Sage.

Rubin, A., & Babbie, E. R.(2005). *Research methods for social work*(5th ed.). Belmont, CA: Brooks/Cole.

Rubin, A., & Parrish, D. E.(2012). Improving the scientific base of social work practice. In C. N. Dulmus & K. M. Sowers(Eds). *The profession of social work: guided by history, led by evidence*(pp. 203-223). Hoboken, NJ: John Wiley & Sons.

Rubin, A., & Parrish, D.(2007). Views of evidence-based practice among faculty in master of social work programs: A national survey. *Research on Social Work Practice*, 17(1), 110-122.

Rycroft-Malone, J., Seers, K., Titchen, A., Harvey, G., Kitson, A., & McCormack, B.(2004). What counts as evidence in evidence-based practice? *Journal of Advanced Nursing*, 47(1), 81-90.

Sackett, D. L., Rosenberg, W. M., Gray, M. J. A., Haynes, R. B., Richardson, W. S.(1996). *Evidence based medicine: What it is and what it isn't.* http://www.bmj.com.flagship.luc.edu/cgi/content/full/312/7023/71

Sackett, D. L., Richardson, W. S., Rosenberg, W., & Haynes, R. B.(1997). *Evidence-based medicine: How to practice and teach EBM*. New York: Churchill Livingstone.

Sackett, D. L., Straus, S. E., Rinchardson, W. S., Rosenberg, W., & Haynes, R. B.(2000). *Evidence-based medicine: how to practice and teach EBM*(2nd ed.). New York: Churchill Livingstone.

Schwandt, T. A.(2009). Toward a practical theory of evidence for evaluation. In S. L. Donaldson, C. A. Christie & M. M. Mark.(Eds.). *What counts as credible evidence in applied research and evaluation practice?*(pp. 197-212) Thousand Oaks, CA: Sage.

Shaw, I. F.(2005). Practitioner research: evidence or critique? *British Journal of Social Work*, 35, 1231-1248.

Shaw, I. F.(2007). Is social work research distinctive? *Social Work Education*, 26(7), 659-669.

Sheldon, B.(2001). The validity of evidence-based practice in social work: a reply to Stephen Webb. *British Journal of Social Work*, 31(5), 801-809.

Shlonsky, A., & Ballan, M.(2012). Evidence-informed practice in child protection. In K. Dill, & W. Shera.(Eds.), *Implementing evidence-informed practice: international perspectives*(pp. 40-56). Toronto, Ontario: Canadian Scholars' Press.

Shlonsky, A., & Stern, S. B.(2007). Reflections on the teaching of evidence-based practice. *Research on Social Work Practice*, 17(5), 603-611.

Shlonsky, A., Noonan, E., Littell, J., & Montgomory, P.(2011). The role of systematic reviews and the Campbell Collaboration in the realization of evidence-informed practice. *Journal of Clinical Social Work*, 39, 362-368.

Soydan, H.(2006, October). *Improving the teaching of evidence-based practice: challenges and priorities*. Unpublished manuscript prepared for the Symposium on Improving the Teaching of Evidence-Based Practice. Austin, Texas.

Soydan, H.(2007). Improving the teaching of evidence-based practice: Challenges and priorities. *Research on Social Work Practice*, 17(5), 612-618.

Soydan, H.(2012). Understanding social work in the history of ideas. *Research on Social Work Practice*, 22(5), 468-480.

Soydan, H., Mullen, E. J., Alexandra, L., Rehnman, J., & Li, Y. P.(2010). Evidence-based clearinghouses in social work. *Research on Social Work Practice*, 20(6), 690-700.

Springer, D. W.(2006, October). *The teaching of evidence-based practice in social work higher education: living by the Charlie Parker Dictum*. Unpublished manuscript prepared for the Symposium on Improving the Teaching of Evidence-Based Practice. Austin, Texas.

Springer, D. W.(2007). The teaching of evidence-based practice in social work higher education—living by the Charlie Parker dictum: A response to papers by Shlonsky and Stern, and Soydan. *Research on Social Work Practice*, 17(5), 619-624.

Steyaerta, J., Blom, B., & Nygrenb, L., Martinez-Brawleyc, E. E., Roatchc, J. F., & Wódzd, K.(2011). Review of the book: Toward evidence-based practice: variations on a theme. *European Journal of Social Work*, 14(1), 141-150.

Straus, S. E. & McAlister, D. C.(2000). Evidence-based medicine: a commentary on common criticisms. *Canadian Medical Journal*, 163(7), 837-841.

Stronach, I., Piper, H., & Piper, J.(2004). Re-performing crises of representation. In H. Piper & I. Stronach(Eds.). *Educational research: differences and diversity*(pp. 129-154). Aldershot, UK: Ashgate.

Sundell, K., Soydan, H., Tengvald, K., & Anttila, S.(2010). From opinion-based to evidence-based social work: the Swedish case. *Research on Social Work Practice*, 20(6), 714-722.

Thomlison, B., & Jacobs, R. J.(2006). Developing a systematic evidence-based search plan for a client with co-occurring conditions. In A. R. Roberts & R. Yeager(Eds.), Evidence-based social work primer (pp. 163-181). New York: Oxford University Press.

Thyer, B. A.(2006, October). *Evidence-based macro practice: Addressing the challenges and opportunities for social work education*. In Symposium on Improving the Teaching of Evidence-Based Practice. Austin. October. University of Texas School of Social Work.

Thyer, B. A.(2008). Evidence-based macro practice: Addressing the challenges and opportunities. *Journal of evidence-based social work*, 5(3-4), 453-472.

Thyer, B. A., & Pignotti, M.(2011). Evidence-based practices do not exist. *Clinical Social Work Journal*, 39(4), 328-333.

Trevithick, P.(2008). Revisiting the knowledge base of social work: A framework for practice. *British Journal of Social Work*, 38(6), 1212-1237.

Trinder, L.(2000). Evidence based practice in social work and probation. In L. Trinder & S. Reynolds(Eds.), *Evidence-based practice: a critical appraisal*(pp. 1-16). Ames, IA: Blackwell Science.

Tripodi, T.(1994). *A primer on single-subject design for clinical social workers*. Washington, DC: NASW Press.

Tsang, N. M.(2008). Karios and practice wisdom in social work practice. *European Journal of Social Work, 11*(2), 131-143.

Tyson, K.(1995). *New foundations for scientific social and behavioral research: The heuristic paradigm*. Boston, MA: Allyn & Bacon.

Ubbink, D. T., Guyatt, G. H., & Vermeulen, H.(2013). Framework of policy recommendations for implementation of evidence-based practice: a systematic scoping review. BMJ open, e001881 doi:10.1136/bmjopen-2012-001881.

Upshur, R. E. G. & Tracy, C. S.(2004). Legitimacy, authority and hierarchy: critical challenges for evidence-based medicine. *Brief Treatment and Crisis Intervention*, 4(3), 197-204.

Walker, J., Koroloff, N., Briggs, H., & Friesen, B.(2007). Implementing and sustaining evidence-based practice in social work. *Journal of Social Work Education*, 43, 361-375.

Webb, S. A.(2001). Some considerations on the validity of evidence-based practice in social work. *British Journal of Social Work*, 31(1), 57-79.

Wennberg, J. E.(2002). Unwarranted variations in healthcare delivery: implications for academic medical centers. *British Medical Journal*, 325, 961-964.

Williams, N. J., & Sherr, M. E.(2013). Oh how I try to use evidence in my social work practice: efforts, successes, frustrations, and questions. *Journal of Evidence-Based Social Work*, 10, 100-110.

Winch, S., Creedy, D., & Chaboyer, A. W.(2002). Governing nursing conduct: the rise of evidence-based practice. *Nursing Inquiry*, 9(3), 156-61.

Woods, D. R.(1994). *Problem-based learning: How to gain the most from PBL*. Waterdown, Canada: DR Woods.

Zeira, A., & Rosen, A.(2000). Unraveling "tacit knowledge": what social workers do and why they do it. *Social Science Review*, March, 103-123.

| 찾아보기 |

저자 소개

김유진(金侑珍) 연세대학교 사회복지학과 졸업
Loyola University of Chicago 사회복지학과 졸업(Ph.D.)
현재 경북대학교 사회과학대학 사회복지학부 교수

아 | 산 | 재 | 단 | 연 | 구 | 총 | 서

1 전환기의 중국경제
김윤환 외 | 단국대 경제학과

2 폴란드 경제의 변천 개혁과 그 전망
김광수 | 숭실대 경제학과

3 재소한인
이광규 외 | 서울대 인류학과

4 소련산림과 임업
홍성천 외 | 경북대 임학과

5 아세안의 정치경제
김국진 외 | 외교안보연구원

6 태국의 사회변동과 경제발전
최석만 외 | 전남대 사회학과

7 중국의 사회경제 통계분석
신한풍 외 | 고려대 통계학과

8 중국의 정치와 경제
박두복 외 | 외교안보연구원

9 동유럽의 개혁과 시장경제의 도입
허만 외 | 부산대 사범대학

10 동유럽의 개혁운동
박영신 | 연세대 사회학과

11 현대 러시아 연구
기연수 외 | 한국외대 노어과

12 전략적 선택과 기업의 국제경쟁력
이장호 | 서강대 경영대학

13 협동사회의 정착과 정부의 역할
이종범 외 | 고려대 행정학과

14 한국 제조기업 생산성의 동적 분석
노부호 외 | 중앙대 경영대학

15 분배의 정의
변형윤 외 | 서울대 경제학과

16 도덕적 행동의 강화
이훈구 외 | 연세대 심리학과

17 관료부패와 통제
김해동 외 | 서울대 행정대학원

18 한국경제의 내실 있는 성장
정창영 외 | 연세대 경제학과

19 한국국민정신운동의 역사와 발전방향
박수명 외 | 부산대 사범대학

20 한국대학생의 가치성향과 상담효과
이영희 외 | 숙명여대 교육학과

21 가출청소년과 학교관리체제
안창규 외 | 부산대 교육학과

22 동북아 정세변화와 한 · 일관계
한승조 외 | 고려대 정치외교학과

23 언론과 부정부패
정대철 외 | 한양대 신문방송학과

24 한국의 고등학교 교육
이원호 외 | 부산대 교육학과

25 가족과 방송
김학수 외 | 서강대 신문방송학과

26 재정개혁의 전망과 재산세제의 개편 과제
오연천 | 서울대 행정대학원

27 청소년을 위한 전자게임 프로그램의 규제 및 평가체계 개발
박혜원 외 | 울산대 가정관리학과

28 정신장애자 가족의 사회심리적 특성
이근후 외 | 이화여대 의과대학

29 가족의 관계역동성과 문제인식
이광규 외 | 서울대 인류학과

30 현대인과 한국전통음식
승정자 | 숙명여대 식품영양학과

31 기업의 초고속정보통신망활용
안중호 | 서울대 경영학과

32 지역발전을 위한 교육자치제의 개선방안
김남순 | 조선대 사범대학

33 전환기의 공무원 가치관
조경호 | 울산대 행정학과

34 지방자치와 사회복지의 과제
김영모 | 중앙대 사회복지학과

35 WTO체제하의 지방중소기업 지원정책
최명주 외 | 계명대 통상학부

36 현대한국의 시민운동
이효선 | 중앙대 사회학과

37 기업 세계화의 단계 및 정도의 측정
허영도 외 | 울산대 경영학과

38 가족복지를 위한 가족주치의 시범사업의 효과
이혜리 외 | 연세대 가정의학교실

39 한국대학생의 삶의 만족도
김재은 외 | 이화여대 교육심리학과

40 지역경제와 지역산업구조의 개편방향
정기화 외 | 전남대 경제학부

41 중국기업의 소유형태별 경영특성
노철화 외 | 부산대 무역학과

42 남북한의 인성 · 사상교육
한승조 외 | 고려대 정치외교학과

43 연계적 뇌기능 조언을 위한 의료용 멀티미디어 시스템의 설계
유선국 | 연세대 의용공학교실

44 다민족국가의 민족문제와 한인사회
최협 외 | 전남대 인류학과

45 저소득층지역 청소년 여가문화와 소집단 활성화
박문수 외 | 서강대 사회학과

46 삶의 질의 국제비교와 지역간 비교분석
이재기 외 | 울산대 경제학과

47 21세기 지역주민의 삶의 질
양종회 외 | 성균관대 사회학과

48 삶의 질에 대한 국가간 비교
조명한 외 | 서울대 심리학과

49 외국인 노동자의 노사관계와 사회적 적응
석현호 외 | 성균관대 사회학과

50 한국의 사법제도와 발전 모델
정종섭 | 건국대 법학과

51 고령화사회와 중상층 노인의 사회활동
조성남 외 | 이화여대 사회학과

52 한국의 서비스 시장 개방정책
한홍렬 | 한양대 경제학부

53 한국과 AFTA간의 교역증진 및 경제 협력방안
손일태 외 | 경희대 경제통상학부

54 물류비 절감을 위한 무역업체의 정보화전략
이영수 외 | 경북대 경제통상학부

55 사회주의 체제전환과 사회정책
오정수 외 | 충남대 사회복지학과

56 남북통일 이후 농업생산체계 개편
홍성규 외 | 건국대 농업경제학과

57 국제화와 세계화
하영선 외 | 서울대 외교학과

58 IMF 개혁정책의 평가와 한국경제의 신(新) 패러다임
조동근 | 명지대 경제학과

59 구조개혁과 실업대책
박동운 | 단국대 경제무역학부

60 21세기 신노사관계
심윤종 외 | 성균관대 사회학과

61 학교에서의 집단 따돌림
이춘재 외 | 가톨릭대 심리학과

62 한국노인의 정신건강실태와 건강증진
조맹제 외 | 서울대 의과대학

63 혁명과 개혁 속의 중국 농민
김광억 | 서울대 인류학과

64 중국의 경제환경과 한국기업의 진출 전략
지용희 외 | 서강대 경영학과

65 김대중 대통령의 시스템 사고
김동환 | 중앙대 공공정책학부

66 실업과 가족해체
최일섭 외 | 서울대 사회복지학과

67 합리적 부채비율 조정방안
오상근 | 동아대 경제학과

68 한국 중산층의 생활문화
문숙재 외 | 이화여대 소비자 · 인간발달학과

69 계층간 갈등상태에서 최적소득세
김진욱 | 건국대 경상학부

70 글로벌 경쟁력 제고를 위한 기업전략과 조직구축
이만우 외 | 고려대 경영학과

71 의료보험과 국민연금의 관리효율화를 위한 통합방안
사공진 외 | 한양대 경제학부

72 정부개혁의 과제와 전략
박우서 외 | 연세대 행정학과

73 책임운영기관 제도에 관한 비교분석
김근세 | 가톨릭대 행정학과

74 새로운 패러다임하에서의 한국기업의 바람직한 지배구조
최운열 외 | 서강대 경영학과

75 현대 한국사회의 계층구조
양춘 외 | 고려대 사회학과

76 한국의 산업정책과 산업구조조정
강인수 | 숙명여대 경제학부

77 기업구조조정
김석진 | 경북대 경영학부

78 지식경영을 위한 인적자원 개발 및 관리체계
장영철 | 경희대 경영학부

79 뉴 비즈니스 모델
전성현 | 국민대 정보관리학부

80 중산층의 정체성과 소비문화
함인희 외 | 이화여대 사회학과

81 외국관광객 유치를 위한 마케팅 전략
박상규 | 강원대 경영학과

82 한국인의 세대별 문학의식
이동순 | 영남대 국문과

83 공공부문의 효율성 평가와 측정
김재홍 외 | 울산대 사회과학부

84 한국 청소년의 정치의식과 형성요인
김광웅 외 | 숙명여대 아동복지학과

85 한국 대학생의 정치의식
배한동 | 경북대 윤리교육과

86 산업의 정보화와 산업발전
이기동 | 계명대 통상학부

87 한국 제조업의 고용조정 분석
이종원 외 | 성균관대 경제학부

88 지식자산에 대한 경영전략적 평가모형 개발
배재학 외 | 울산대 컴퓨터 · 정보통신공학부

89 관광사업을 위한 한국적 이미지의 휴식복 개발
채금석 | 숙명여대 의류학과

90 한국 정치제도의 개혁
신정현 | 경희대 사회과학부

91 e비즈니스와 아웃소싱 전략
정승화 외 | 연세대 경영학과

92 집단 따돌림의 진단 및 치료방안
홍준표 | 중앙대 인간생활환경학과

93 16대 총선과 낙선운동
조기숙 | 이화여대 국제대학원

94 부동층 유권자 행태 분석
진영재 | 연세대 정치외교학과

95 사이버 공동체의 성공요인
이재관 | 숭실대 경영학부

96 온라인 소비자 행동의 이론과 실증
윤성준 | 경기대 경영학부

97 글로벌 시대 정약용 세계관의 가능성과 한계
차성환 | 한일장신대 역사사회학과

98 러시아의 체제전환 과정에서 나타난 국가의 역할과 그 전망
이상민 외 | 부산대 정치외교학과

99 남북한의 경제발전 수준과 산업구조 비교, 그리고 경제교류 협력방향
주성환 | 건국대 경제학과

100 집단따돌림과 교육해체
한준상 | 연세대 교육학과

101 공적연금제도의 효율성과 개선방안
유금록 | 군산대 행정복지학부

102 벤처기업-대기업의 성공적인 협력 모델
나중덕 | 경산대 경영학과

103 북한의 재외동포정책
조정남 외 | 고려대 정치외교학과

104 사이버 공동체 형성의 역동적 모형
장용호 | 서강대 신문방송학과

105 기업이론과 기업의 소유지배구조
김일태 외 | 전남대 경제학부

106 가축분뇨 자원화를 위한 공동이용조직에 대한 농가선호도 분석
유덕기 | 동국대 생명자원경제학과

107 개혁정책과 전문가 집단
이경원 외 | 제주대 행정학과

108 현대 한국사회의 이중가치체계
신수진 외 | 이화여대 가정관리학과

109 한국의 산업구조 변화와 기업집단 다각화 전략
김용학 외 | 연세대 사회학과

110 지식정보사회의 경제적 모형 설정 및 사례 연구
김범환 | 배제대 경영정보학부

111 변호사징계제도
오종근 | 한림대 법학부

112 인터넷 특허법
김순석 | 광주대 법학과

113 e-비즈니스 시대의 금융 및 재정정책의 새로운 패러다임
이종욱 | 서울여대 경제학과

114 청소년의 하위문화와 정체성
조성남 | 이화여대 사회학과

115 디지털금융시대의 금융구조변화와 정부규제 및 정책
이충열 | 고려대 경제학부

116 지식경영을 위한 기업의 조직설계방안
김경수 외 | 전남대 경영학과

117 전자금융의 발달과 경제정책의 새로운 패러다임
이명훈 | 명지대 경제학과

118 동아시아의 안보와 유엔체제
강성학 편저 | 고려대 정치외교학과

119 유료 치매노인 그룹홈의 개발과 관련 정책
최정신 외 | 가톨릭대 소비자 · 주거학과

120 소비자 지향적 문화산업 정책
홍영준 | 호남대 광고홍보학과

121 국제 · 국가 · 지방 환경규제의 연계
정준금 외 | 울산대 행정학과

122 현행 회사 합병 · 분할제도의 평가와 개선방안
옥무석 외 | 이화여대 법학과

123 배려지향적 도덕성과 정의지향적 도덕성
정옥분 외 | 고려대 사범대학

124 기업구조조정에 대한 채권금융기관 및 금융감독기관의 역할과 책임
이중기 | 한림대 법학과

125 실업대책으로서 한국의 법정기준근로 시간 단축
박영범 | 한성대 경제학과

126 프랑스어의 비분리성 소유개념 표현
노윤채 | 연세대 언어정보연구원

127 지방채의 효율적 관리방안
강태구 | 호원대 법행정학부

128 21세기 산업구조 변화와 과학기술정책
임채성 외 | 그리스도신학대 경영정보학부

129 인터넷 쇼핑몰 이용자의 불평행동
예종석 | 한양대 경영학부

130 한국기업의 성과급제도 현황, 효과 및 개선방안
김성수 | 서울대 경영학과

131 전자상거래와 소비자보호
서민교 외 | 경일대 인터넷국제통상학과

132 평생학습 사회에서의 인적자원개발을 위한 사회적 파트너십 구축
김영화 | 홍익대 교육학과

133 한국 공교육의 새로운 구상과 전략
권대봉 외 | 고려대 교육학과

134 한국의 정부개혁
김태룡 | 상지대 행정학과

135 지방정부 생산성 측정의 이론과 실제
이은국 외 | 연세대 행정학과

136 불가 시문학론
배규범 | 경희대 학술연구 교수

137 남북경제교류의 법적 문제
제성호 | 중앙대 법학과

138 경제위기와 청소년 발달
구인회 | 서울대 사회복지학과

139 생명과학기술의 응용과 기본권보호적 한계
정상기 외 | 한남대 법학과

140 경제발전과 정치환경의 한 · 일 비교분석
정갑영 외 | 연세대 동서문제연구원

141 한국 공교육의 진단
윤정일 외 | 서울대 교육학과

142 우리나라 지방자치 발전을 위한 자치단체장의 역할
정성호 외 | 경기대 사회과학부

143 의료보험제도의 개혁방안
권순원 | 덕성여대 경제학과

144 중등 도덕교육의 현실과 문제
손동현 외 | 성균관대 철학과

145 사이버공동체 발전론
이명식 | 상명대 경영학과

146 남북경협 확대에 대비한 북한 담보 제도의 정비방안
박훤일 | 경희대 법과대학

147 한국 공무원 인사제도 개혁
김판석 | 연세대 행정학과

148 교사화법 교육
임칠성 외 | 전남대 국어교육과

149 세계화의 문화정치학
임혁백 외 | 고려대 정치외교학과

150 효과적인 e-SCM을 위한 의사결정 조정 시스템 모형
이원준 | 성균관대 경영학부

151 환경거버넌스
김종순 외 | 건국대 행정학과

152 자동차산업의 인적자원관리
이덕로 | 서원대 경영학부

153 한국과 영국 간 지식기반산업 비교
이명호 | 한국외대 경영학과

154 한국 벤처기업의 기술네트워킹 및 기술마케팅 전략
장영일 | 인제대 경영학부

155 회사변호사의 윤리
오승종 | 성균관대 법과대학

156 미디어교육론
이정춘 | 중앙대 신문방송학과

157 조선시대 서원과 양반
윤희면 | 전남대 역사교육과

158 환경문제와 철학
박찬국 | 서울대 철학과

159 노인보건복지 이론과 실제
김명 외 | 이화여대 보건교육학과

160 북한의 법체계
권재열 외 | 숭실대 법학과

161 생명공학기술의 안전성 확보에 관한 법적 고찰
이재협 | 경희대 법학부

162 청소년복지학
김성이 외 | 이화여대 사회복지학과

163 변화하는 세계, 변화하는 복지국가
조영훈 | 동의대 사회복지학과

164 의리의 윤리와 한국의 유교문화
김낙진 | 진주교대 도덕교육과

165 미국의 통상정책과 통상법
윤충원 | 전북대 무역학과

166 사회복지 프로그램 평가
김학주 | 경상대 사회복지학과

167 환경주의와 지속가능한 발전
정대연 | 제주대 사회학과

168 무역과 환경
김기흥 외 | 경기대 경제학부

169 산업계 유해폐기물의 위험과 관리
김금수 | 호서대 경상학부

170 백범 김구의 지적 계발과정 탐색
문용린 | 서울대 교육학과

171 태평양전쟁 발발 이후 일제의 인적 지배와 그리스도교계의 대응
윤선자 | 전남대 사학과

172 거버넌스 상황에서 갈등관리를 위한 대체적 분쟁해결제도
서순복 | 광주대 법정학부

173 시장경제의 유형과 민주주의
최배근 | 건국대 경상학부

174 일본고전소설 총론
김현정 | 국립한국전통문화학교

175 국어 교육을 위한 국어 문법론
이관규 | 홍익대 국어교육과

176 율곡의 군주론
전세영 | 부산교대 윤리교육과

177 동북아시아 환경협력
정서용 | 명지대 법학과

178 기후변화협약과 기후정책
신의순 외 | 연세대 경제학과

179 인터넷과 국제 학술정보 네트워크-하이퍼링크 분석
박한우 | 영남대 언론정보학과

180 국내 기업복지의 활성화 방안
최수찬 | 연세대 사회복지대학원

181 세계화와 인간안보
김우상 외 | 연세대 정치외교학과

182 세계문화유산 종묘 이야기
지두환 | 국민대 국사학과

183 한국 평생교육의 사회철학적 과제
곽삼근 | 이화여대 교육학과

184 강점모델
정순둘 | 이화여대 사회복지학과

185 글로벌시대의 계약법
박영복 | 한국외대 법과대학

186 배심제와 시민의 사법참여
안경환 | 서울대 법학과

187 동북아공동체
김재한 | 한림대 정치외교학과

188 정치 참여와 탈물질주의
김욱 | 배재대 정치외교학과

189 퍼지전문가회로망을 이용한 금융기관의 사이버 기업여신결정 지원시스템의 개발
권혁대 | 목원대 경영학과

190 환경정책과 환경법
송인성 | 전남대 지역개발학과

191 포스트모던 시대의 평생교육학
한숭희 | 서울대 교육학과

192 현대 한국인의 세대경험과 문화
박길성 외 | 고려대 사회학과

193 서구의 근로연계복지
김종일 | 건국대 사회복지학과

194 사회복지운동론
현외성 | 경남대 사회복지학과

195 외국의 역모기지 사례
유선종 | 건국대 부동산학과

196 옛이야기와 어린이문학
이지호 | 진주교대 국어교육학과

197 노인사회복지관광의 정책과제와 방안
김창수 | 경기대 관광학부

198 복지서비스의 민간위탁 시스템 분석
김순양 | 영남대 행정학부

199 새로운 빈곤층의 대두와 정부의 정책과제
김진욱 | 건국대 경제학과

200 문화행정론
김정수 | 한양대 행정학과

201 스칸디나비아 노인용 코하우징의 계획과 적용
최정신 외 | 가톨릭대 생활과학부

202 북한의 자연생태계
공우석 | 경희대 지리학과

203 통계로 이해하는 러시아
전홍찬 | 부산대 정치외교학과

204 사회복지법인의 경영과 회계
이동규 | 충남대 회계학과

205 의약분업 정책과정
차흥봉 | 한림대 사회복지학과

206 지역공동체와 평생교육
오혁진 | 동의대 평생교육학부

207 아동보호서비스의 실제
한미현 | 백석대 사회복지학부

208 그린마케팅
박재기 | 충남대 경영학부

209 아동권리와 아동복지
이혜원 | 성공회대 사회복지학과

210 국제 이주와 인도인 디아스포라
김경학 | 전남대 인류학과

211 질병과 의료의 사회학
조병희 | 서울대 보건대학원

212 북한이탈주민의 사회통합을 위한 지역복지실천의 모색
이기영 | 부산대 사회복지학과

213 치매노인케어론
조유향 | 초당대 간호학과

214 노인상담입문
서혜경 외 | 한림대 대학원 사회복지학과

215 '통일 이후 통일과정'으로서의 독일 통일영화
이준서 | 이화여대 독어독문학과

216 중국의 사회보장
오정수 | 충남대 사회복지학과

217 환경자원의 경제적 가치와 환경오염의 사회적 비용
김재홍 | 울산대 사회과학부

218 사회복지프로그램의 경제적 평가방법
박창제 외 | 상주대 사회복지학과

219 자유의지와 결정론
안건훈 | 강원대 철학과

220 심리학자들이 쓴 행복한 결혼의 심리학
채규만 외 | 성신여대 심리학과

221 현대 해석학 강의
양해림 | 충남대 철학과

222 한국인의 주거 빈곤과 공공주택
하성규 | 중앙대 도시 및 지역계획학과

223 IMF 경제위기와 한국 출산력의 변화
김두섭 | 한양대 사회학과

224 동아시아의 영토분쟁과 국제법
이석우 | 인하대 법학부

225 독일 복지국가와 사회복지서비스
정재훈 | 서울여대 사회사업학과

226 사회복지사를 위한 실용 비모수통계
엄명용 | 성균관대 사회복지학과

227 피해자학 연구
이윤호 | 동국대 경찰행정학과

228 광고언어창작론
박영준 외 | 부경대 국어국문학과

229 환경규제 패러다임의 전환
한철 | 한남대 법학과

230 고령사회의 노동환경변화와 고용시스템의 문제점 및 법적 대응
고준기 | 국립군산대 법학과

231 세계화와 소득불평등
이성균 외 | 울산대 사회과학부

232 유비쿼터스 사회의 이해
안중호 외 | 서울대 경영학과

233 국제환경책임법론
박병도 | 건국대 법학과

234 한국의 선거와 민주주의
윤종빈 | 명지대 정치외교학과

235 한국 시민운동의 구조와 동학
조대엽 외 | 고려대 사회학과

236 또래관계
송영혜 | 대구대 재활심리학과

237 해외 한국기업과 현지인 노동자
석현호 외 | 에스콰이아학술문화재단

238 독일 국가복지에서 민간복지단체의 역할과 의미
차성환 외 | 한일장신대 사회복지학부

239 청정공학
조정호 | 동양대 생명화학공학과

240 한국전통연희론
심상교 | 부산교육대 국어교육학과

241 정신장애와 가족
서미경 | 경상대 사회복지학부

242 빈곤통계의 작성과 활용
김주환 | 동국대 정보통계학과

243 인터넷과 한국정치
강원택 | 숭실대 정치외교학과

244 북한의 시장경제이행
정영화 외 | 서경대 법학과

245 시스템사고로 본 지속가능한 도시
문태훈 | 중앙대 도시및지역계획학과

246 실버산업과 유비쿼터스 컴퓨팅
고일상 | 전남대 경영학부

247 재활상담과 사례관리
나운환 | 대구대 직업재활학과

248 영유아교육기관에서의 장애 이해 교육
유수옥 | 우석대 유아특수교육과

249 장애의 사회적 의미와 사회통합
박수경 | 대진대 사회복지학과

250 경제분석의 수리적 기초
조인성 | 공주대 경제통상학부

251 비영리부문의 비교연구
김승현 | 서울산업대 행정학과

252 고등교육경제학
반상진 | 전북대 교육학과

253 과학윤리교육의 이론과 방법
조희형 | 강원대 과학교육학부

254 결혼이민자가족의 이해
김오남 | 대불대 사회복지학과

255 동아시아 국가의 공공부조
신동면 | 경희대 사회과학부

256 특수아동 진단 및 평가
이나미 | 대불대 특수교육과

257 계약형 사회복지와 권리옹호시스템
이명현 | 경북대 상주캠퍼스 사회복지학과

258 실내공기질 및 위해성 관리
양원호 | 대구가톨릭대 산업보건학과

259 충남 방언 문법
한영목 | 충남대 국어국문학과

260 교육권론
노기호 | 군산대 법학과

261 도시경관계획론
임승빈 | 서울대 조경・지역시스템공학부

262 교통의 새로운 패러다임
김형철 | 경원대 도시계획 · 조경학부

263 노인의 삶의 질 향상을 위한 주거환경 디자인
천진희 | 상명대 디자인대학 실내디자인전공

264 사회복지와 문화
박병현 | 부산대 사회복지학과

265 장애인복지의 이론과 실제
이선우 | 인제대 사회복지학과

266 창의성 개발을 위한 디자인교육 콘텐츠
김선영 | 인천가톨릭대 조형예술대학 환경디자인학과

267 구성주의 사회복지 실천 기술론
고미영 | 서울신학대 사회복지학과

268 장애아교육학
김기흥 | 부산교육대 유아교육과

269 지역사회복지와 자원부문
한상진 외 | 울산대 사회학과

270 환경관리회계
육근효 | 부산외국어대 회계학부

271 인권 관점에서 보는 장애인복지
유동철 | 동의대 사회복지학과

272 정신증상
송지영 | 경희대 의과대학병원 신경정신과

273 사이버공간의 사회심리학
이성식 외 | 숭실대 정보사회학과

274 노인에 대한 사회적 돌봄과 돌봄 서비스의 질 보장
최희경 | 신라대 가족노인복지학과

275 아동 심리치료의 실제
신현균 | 전남대 심리학과

276 사회복지와 위험관리
노충래 | 이화여대 사회복지전문대학원

277 국제 탄소시장의 이해
양승룡 | 고려대 식품자원경제학과

278 타자의 초상
신문수 | 서울대 영어교육과

279 한국정치와 환경정치
나정원 | 강원대 정치외교학과

280 북한이주민
윤인진 | 고려대 사회학과

281 음주의 사회경제적 비용
정우진 외 | 연세대 보건대학원

282 지방정치와 동북아 도시거버넌스
박재욱 | 신라대 행정학과

283 노숙인 복지론
남기철 | 동덕여대 사회복지학과

284 유럽통합과정과 지역협력
이규영 | 서강대 국제대학원

285 사회복지재정 연구
지은구 | 계명대 사회과학대학 사회복지학과

286 지역사회 교육개혁을 위한 시민사회 조직의 참여
김영화 | 홍익대 교육학과

287 복지사회를 대비한 국민연금의 구조개혁
박영석 외 | 서강대 경영학부

288 한미 FTA 지재권 협상에 따른 의약품 분야 사회후생 변화
오근엽 | 충남대 무역학과

289 산업입지, 환경 그리고 지역경제
이기동 외 | 계명대 국제통상학과

290 감성지능 개발을 통한 삶의 질 향상
김경수 외 | 전남대 경영학부

291 교육복지론
이용교 외 | 광주대 사회복지학부

292 인간과 행복에 대한 철학적 성찰
박찬국 | 서울대 철학과

293 유럽연합의 사회통합 사례와 교훈
이무성 | 명지대 정치외교학과

294 민영화와 사회후생
이상호 | 전남대 경제학부

295 북한의 교육학 체계 연구
최영표 외 | 동신대 교육대학원

296 한국 지속가능발전의 구조와 변동
정대연 | 제주대 사회학과

297 우리나라의 공익 연계 마케팅에 관한 연구
임승희 | 전주대 경영학부

298 시각장애인복지론
김영일 | 조선대 특수교육과

299 그린에너지와 환경촉매
정석진 | 경희대 화학공학과

300 취약학교 초등학생을 위한 온라인 보건 교육 프로그램
박경옥 | 이화여대 보건관리학과

301 신탁제도를 통한 고령자의 보호와 지원
최수정 | 서강대 법학전문대학원

302 사회적 약자계층에 대한 실태분석 및 정책방안
이은우 외 | 울산대 경제학과

303 한류 문화와 동북아 공동체
최혜실 | 경희대 국어국문학과

304 노동유연화와 해고보호법
권혁 | 부산대 법학전문대학원

305 사회복지 위험관리의 이해
박미은 | 한남대 사회복지학과

306 의료기관의 회계와 세무
노준화 | 충남대 경영학부

307 여성인적자원의 전문성 확보를 위한 경력개발
백지연 | 이화여대 국제사무학과

308 정신병리
강선경 | 서강대 신학대학원

309 바다의 반란 적조
윤양호 | 전남대 해양기술학부

310 한국 장애인 복지 발달사
이성규 | 서울시립대 사회복지학과

311 서양예술 속의 동양 탐색
진상범 | 전북대 독어독문학과

312 한국인의 도덕성 발달 진단
문용린 | 서울대 교육학과

313 영국정치와 국가복지
고세훈 | 고려대 공공행정학부

314 인간학적 사유를 여는 중도・중복장애 교육학
이숙정 | 단국대 특수교육과

315 개별화 교육과정
이소현 | 이화여대 특수교육과

316 인간의 긍정적 성품
권석만 | 서울대 심리학과

317 지방자치와 지역여성의 전망
이혜숙 | 경상대 사회학과

318 한국 현대 노년소설 연구
전흥남 | 한려대 교양학부

319 정보격차 해소를 위한 창의적 정보교육 프로그램
이영준 외 | 한국교원대 컴퓨터교육과

320 한국 가족과 젠더
손승영 | 동덕여대 교양학부

321 한국의 복지혼합
김진욱 | 서강대 신학대학원

322 사회자본과 자원봉사
김태룡 외 | 상지대 행정학과

323 농촌교육복지연구
박삼철 | 단국대 교양학부

324 사회정체성 평가 차원에 대한 국제 비교조사
이명진 | 고려대 사회학과

325 캐나다 복지국가 연구
조영훈 | 동의대 사회복지학과

326 한국의 소수자운동과 인권정책
전영평 외 | 서울대 행정대학원

327 한국과 미국의 보육서비스 전달체계와 품질 비교분석
김근세 외 | 성균관대 국정관리대학원

328 한국사회의 소득불평등과 국민 의료이용
이용재 | 호서대 사회복지학과

329 정보시대의 인간안보
조화순 | 연세대 정치외교학과

330 가족의 사회경제적 특성과 아동발달
김광혁 | 전주대 사회복지학과

331 초・중・고등학생의 학업소진 진행과정 및 경로분석
이상민 | 고려대 교육학과

332 다문화사회의 사법통역
이지은 | 이화여대 통역번역대학원

333 동아시아 지역주의
유현석 | 경희대 정치외교학과

334 환경친화적 공공시설관리와 지역공동체의 삶의 질
이소영 | 중앙대 실내디자인・주거환경학과

335 의료보험의 법정책
김나경 | 성신여대 법과대학

336 양극화 시대 가족해체와 청소년의 적응에 관한 한국과 미국의 비교 연구
오승환 외 | 울산대 사회복지학과

337 기업의 사회적 책임과 지역경제사회발전 연구
허영도 외 | 울산대 경영학부

338 노인의 삶의 질 향상을 위한 온라인 소셜 네트워크 구축 방안
김진우 | 연세대 경영학과

339 청소년 생활역량
윤명희 외 | 동의대 평생교육학과

340 외국인 배우자의 다양성과 국제결혼의 안정성
김두섭 | 한양대 사회학과

341 정보인권의 규범구체화
이민영 | 가톨릭대 법학과

342 한국 사회복지실천의 고유성
최성재 외 | 서울대 사회복지학과

343 스웨덴의 환경책임 실천모형
최희경 | 경북대 행정학부

344 자율운동과 주거공동체
윤수종 | 전남대 사회학과

345 한국인의 공공봉사동기
김상묵 | 서울과학기술대 행정학과

346 한국 이혼가정 아동의 성장
김혜숙 | 경인교육대 교육학과

347 동양 사상과 노인 복지
홍승표 외 | 계명대 사회학과

348 노동과 사회보장의 연계
오문완 | 울산대 법학과

349 학습장애 위험군 아동의 조기선별을 위한 읽기검사 표준화 연구
김애화 외 | 단국대 특수교육학과

350 신 · 재생에너지에 기초한 녹색성장과 사회통합
김인호 | 이화여대 법학전문대학원

351 문화교류역량과 다문화 경영이 기업 경영성과에 미치는 영향
임병학 외 | 부산외대 경영학부

352 빈곤영유아의 발달과 적응
정익중 외 | 이화여대 사회복지학과

353 민사법질서와 인권
양천수 | 영남대 법학전문대학원

354 성년후견제도와 사회복지제도의 연계
신권철 | 서울시립대 법학전문대학원

355 한국 다문화사회의 이방인
김순양 | 영남대 행정학과

356 현대 시민사회와 소비자계약법
이병준 | 한국외대 법학전문대학원

357 개인의 사회적 정보보호를 위한 공공 정보서비스 개선 연구
장항배 | 상명대 경영학과

358 여성교육투자에 대한 교육경제학적 탐색
백일우 외 | 연세대 교육학부

359 사회적 기업과 지속가능한 지역발전
임업 외 | 연세대 도시공학과

360 다문화가정 구성원에 대한 투트랙 한국어 교육방안 연구
박시균 | 군산대 국어국문학과

361 아시아의 빈곤과 한국기업의 역할
한인수 | 충남대 경영학부

362 유치원 · 초등학교 연계 환경교육
박희숙 | 공주대 유아교육학과

363 비정규 고용과 사회정책
구인회 외 | 서울대 사회복지학과

364 사생활의 자유에 관한 비교법적 연구
이창현 | 서강대 법학전문대학원

365 다중융합 환경 기반의 미디어스킨을 활용한 문화콘텐츠 디자인 적용방안에 관한 연구
오문석 외 | 광운대 미디어영상학부

366 북한이탈주민 여성의 성인식 관련 기초조사
한인영 외 | 이화여대 사회복지학과

367 노인주택 파노라마
유선종 | 건국대 부동산학과

368 시설보호 청년의 적응
정선욱 | 덕성여대 사회복지학과

369 다수 집단과 소수 집단의 심리
김혜숙 | 아주대 심리학과

370 바이오 휴머니티
권택영 | 경희대 영어학부

371 프랑스 다문화교육의 이해
이경수 | 상명대 불어교육과

372 한 · 중 서비스산업의 비교분석과 교역 확대 방안
김상호 | 리츠메이칸 아시아태평양대 국제경영학부

373 현대의학에 있어서 생명의 시간과 인간의 존엄
김학태 | 한국외대 법학전문대학원

374 0~3세 영유아의 영상물 과몰입 실태조사 및 정신건강증진 프로그램 개발과 적용
이경숙 | 한신대 재활학과

375 복지국가의 조세와 정치
양재진 외 | 연세대 행정학과

376 청소년기 자살행위 실태와 관련 요인
박선희 | 경희대 간호과학대학

377 기술혁신에 따른 지역 간 정보격차
최정혜 외 | 연세대 경영대학

378 한국 사회의 이중구조와 생애주기적 불평등
안상훈 편 | 서울대 사회복지학과

379 소비자의 친환경행동에 영향을 미치는 사회적 · 경제적 가치에 대한 고찰
송재기 | 텍사스테크대 경영학과

380 어머니 양육행동 관련 변인들과 유아 사회정서행동 간의 구조모형 분석
심숙영 | 숙명여대 원격대학원

381 조선족 여성, 동남아시아 여성 그리고 새터민의 적응 유형 분석 및 삶의 질 향상 방안 모색
정태연 | 중앙대 심리학과

382 세계의 연금, 한국의 연금
허만형 | 중앙대 공공인재학부

383 노인요양원과 문화 변화
최재성 | 연세대 사회복지학과

384 시민사회와 국제개발협력
손혁상 | 경희대 공공대학원

385 복지국가의 변화와 빈곤정책
김윤태 | 고려대 사회학과

386 다문화가정의 미디어 이용과 사회적 자본의 관계
진창현 | 경기대 경영학과

387 사회진출 대졸 초년생의 탄력성 변화 양상
이상민 | 고려대 교육학과

388 사회자본과 경제 발전 그리고 정부의 질
도수관 | 대구가톨릭대 행정학과

389 망명과 귀환이주
서장원 | 고려대 독일문화학과

390 근거기반실천과 사회복지
김유진 | 경북대 사회복지학부

아 | 산 | 재 | 단 | 연 | 구 | 보 | 고 | 서

1 한국인의 도덕성 연구
배해수 | 고려대 국문학과

2 산업화와 청소년 진로
이원호 | 울산대 교육학과

3 공동체의식과 시민운동
김영섭 | 한양대 행정학과

4 한국청년의 삶의 의미 충족도와 만족적 태도
안정수 | 경희대 철학과

5 중국조선족의 사회발전과 한 · 중관계의 위상
손장권 | 고려대 사회학과

6 해송림 "솔껍질깍지벌레"의 천적 및 주요 종의 생태
김규진 | 전남대 농생물학과

7 사회정의와 실천윤리
박종대 | 서강대 철학과

8 동구개혁의 영향
김달중 | 연세대 정치외교학과

9 한국청소년의 의식세계
김문조 | 고려대 사회학과

10 고강도 철근 콘크리트 구조의 실용화
정헌수 | 중앙대 건축학과

11 신기술의 연관형태 및 출현예측의 구조모형
권철신 | 성균관대 산업공학과

12 민간기업의 연구개발을 위한 조세정책
권영훈 | 한양대 경제학부

13 기술개발 활성화방안
송승구 | 울산대 화학공학부

14 부패의 현상과 진단
이문조 | 영남대 정치외교학부

15 연구투자의 지역적 편중화와 부산지역의 기초과학연구 활성화방안
윤웅찬 | 부산대 화학과

16 GATT의 신구 덤핑방지협정과 그 대응방안
전창원 | 동국대 무역학과

17 한국사회의 도덕성 제고를 위한 진단과 처방
황경식 | 서울대 철학과

18 새로운 노사관계 방향
이진규 외 | 고려대 경영학과

19 21세기 동북아 정세예측과 한국의 전략적 대응방안
최평길 외 | 연세대 행정학과

20 소련의 한국에 대한 정책목표분석
신승권 | 한양대 정치외교학과

21 메모리 커패시터용 $Pb(Zr_xTi_{1-x})O_3$ 강유전체 박막의 제작과 특성
장지근 외 | 단국대 전자공학과

22 러시아 국제법학의 전통
김용구 | 서울대 외교학과

23 유럽연합의 현황과 전망
김동현 외 | 성균관대 행정학과

24 중국의 정치동원
송영우 외 | 건국대 정치외교학과

25 산업적 활용을 위한 이동로보트 시스템의 개발
박민용 외 | 연세대 전자공학과

26 중국조선족의 정치사회화과정과 동화적 국민통합의 방향
전인영 외 | 이화여대 사회생활학과

27 공적부조의 이론과 실제
최일섭 외 | 서울대 사회복지학과

28 대외통상환경의 변화와 법제개편
서헌제 | 중앙대 법학과

29 기업금융의 국제화
최생림 | 한양대 경영학부

30 자동차부품공업의 노사관계
김호진 외 | 고려대 행정학과

31 산업화 과정에서의 한국가족의 실태와 전망
정창수 외 | 성균관대 사회학과

32 공무원 가치관 실태와 정립방안
배병룡 외 | 경상대 행정학과

33 해외귀국청소년의 국내적응연구
이장영 | 국민대 사회학과

34 초고속정보통신망에서 LAN서비스 제공방안
이재용 | 연세대 전자공학과

35 WTO체제의 정책적 대응
김병진 외 | 경희대 행정학과

36 유럽의 통합정치
최수경 외 | 충남대 정치외교학과

37 유기질폐기물을 이용한 고단백사료원 인 조류의 생산공정
최정우 외 | 서강대 화학공학과

38 초고속정보통신망의 수용성과 정책방향
박영상 외 | 한양대 신문방송학과

39 중국의 강남사회와 한중교섭
조영록 외 | 동국대 사학과

40 세계화시대의 사회 · 문화의식
신행철 외 | 제주대 사회학과

41 국내 외국인 노동자의 문제와 대책
성규탁 외 | 연세대 사회복지학과

42 노인인력 활용정책과 프로그램
김정후 외 | 강원대 법과대학

43 한일간 학술교류 현황과 활성화방안
정홍익 외 | 서울대 행정대학원

44 계량모형에 의한 한일 경제관계의 이해
김명직 외 | 한양대 경제학부

45 직장인의 음주행태와 삶의 질
진기남 외 | 연세대 보건행정학과

46 유통정보 시스템의 구조와 설계
정용길 | 충남대 경영학과

47 남북통일 이후 사회통합을 위한 교육 의 역할
안기성 외 | 고려대 교육학과

48 대중음악에 심취한 청소년들의 심리적 특성
김인경 외 | 연세대 인간행동연구소

49 멀티미디어 시스템을 활용한 교육환경 의 개선방안
김한일 | 제주대 컴퓨터교육학과

50 탈냉전기 한일관계의 쟁점
최상룡 | 고려대 정치외교학과

51 자치시대 새로운 '삶의 질' 지표의 모색
김형기 외 | 경북대 경제통상학부

52 유럽통합의 역내외 협력과 갈등
이호재 외 | 고려대 정치외교학과

53 21세기를 대비한 신노사관계
김재원 | 한양대 경제학부

54 대학의 시간제학생 등록제
안규철 외 | 전남대 교육학과

55 21세기에 대비한 방송통신정책
한진만 외 | 강원대 신문방송학과

56 주민참여를 통한 혐오시설 관리운영방안
박균성 외 | 경희대 법학부

57 여성의 정치적 권리인식과 정치참여
전경옥 외 | 숙명여대 정치외교학과

58 한국인 위장질환과 식생활 · 환경요인 및 *H. pylori* 감염과의 관계
이양자 외 | 연세대 식품영양학과

59 학생과 시민의 자원봉사활동
윤정일 외 | 서울대 교육학과

60 동북아 환경문제와 지역환경협력의 모색
신연재 외 | 울산대 정치외교학과

61 노인 자원봉사활동을 통한 사회통합 프로그램 개발
김동배 | 연세대 사회복지학과

62 물류정보 시스템
김태현 | 연세대 경영학과

63 전자식 문서교환을 이용한 항공화물 운송체계
민재형 | 서강대 경영학과

64 청소년과 성
이근후 | 이화여대 의과대학

65 민족통합과 무궁화호 위성의 남북한 공동활용방안
방정배 | 성균관대 신문방송학과

66 채식주의가 20대 여성의 영양상태와 에스트로겐 대사에 미치는 영향
성미경 | 숙명여대 식품영양학과

67 가상정보공간을 통한 지역개발 활성화 전략
유재천 외 | 한림대 언론정보학부

68 조산아 관리현황 및 정책수립 방안
박상기 외 | 조선대 의과대학

69 남북한관의 의식조사와 통일교육 개선 방안
김동규 외 | 고려대 북한학과

70 동양 전통 자연사상 탐구
장동순 | 충남대 환경공학과

71 초고속정보망의 시뮬레이터 구현
한기준 | 경북대 컴퓨터공학과

72 유통원가 시스템의 유효성
정다미 | 명지대 경영학과

73 국악과 문화관광의 만남
정익준 외 | 동아대 국제관광통상학부

74 기업의 지식경영 활용사례
김창은 | 명지대 산업공학과

75 선진국과 한국의 직업교육 · 훈련제도 의 특성과 한계
정주연 | 고려대 경제학과

76 제주지역 성인 여성의 자원봉사활동
이상철 외 | 제주대 사회학과

77 M&A와 문화충돌 관리
박원우 | 서울대 경영학과

78 폐금속광산 인근 주민들의 중금속 오염실태
정종학 외 | 영남대 의학과

79 북한 농촌 · 농업실태와 인력자원개발 시스템을 통한 북한 농민의 구호방안
박성열 | 건국대 교육공학과

80 중소 소매점의 경쟁력과 소매성과
채명수 외 | 한국외대 무역학과

81 고령자를 위한 쾌적한 실내온도와 착의량의 설정
정운선 | 안동대 의류학과

82 지역문화 이벤트 PR
박종민 | 경희대 언론정보학부

83 인터넷 지역정보화의 실태와 전략
유평준 외 | 연세대 행정학과

84 여성 삶의 질 향상을 위한 사회교육 활성화 방안
김양희 | 중앙대 가족복지학과

85 벤처기업과 벤처금융
강대석 외 | 충남대 무역학과

86 구조조정기에 있어서 실업대책과 사회안전망 구축
박천익 | 대구대 경제학과

87 한국 유아의 조기교육
이명조 외 | 한국외대 교육대학원

88 남북한 경제공동체 형성전략
이상만 | 중앙대 경제학과

89 지방자치회계의 투명성과 주민의 알 권리
권찬태 외 | 경북대 경영학부

90 정치지도자의 정책리더십
이해영 | 경일대 행정학과

91 경제위기와 한국인의 복지의식
신광영 외 | 중앙대 사회학과

92 북한의 노동
김강식 | 한국항공대 경영학과

93 우리나라 중소기업의 정보기술 활용 현황과 경쟁력 강화를 위한 제안
정승호 | 부산외대 정보시스템학과

94 인간배아복제의 법적 · 윤리적 문제점과 그 해결방안
최병규 | 한경대 법학부

95 가치변화에 따른 투표행태
조찬래 외 | 충남대 정치외교학과

96 인터넷 경매에서의 계약체결과 소비자 보호
이기수 외 | 고려대 법과대학

97 세계화시대 남북한 통합의 방향과 과제
윤민재 | 서울대 사회발전연구소

98 글로벌 시대 지방정부의 문화마케팅 전략
박흥식 | 중앙대 행정학과

99 대졸여성실업의 실태분석 및 대학-노동 시장 간 효율적 연계방안
이은우 외 | 울산대 사회과학부

100 그린 투어리즘의 분석
이응진 | 대구대 관광학부

101 지방자치단체장의 부정부패
오일환 | 한양대 아태지역연구센터

102 산업화가 유교체제하 중국여성의 지위에 미친 영향
천성림 | 배재대 사회과학연구소

103 움직이는 말하기
유혜숙 외 | 나사렛대 교양학부

104 장애학생을 위한 특수교육공학의 활용
김용욱 | 대구대 중등특수교육과

105 지식기반사회의 평생교육 이해와 평생교육 프로그램 개발
박성열 | 건국대 교육공학과

106 N세대의 미술교육
김동철 | 대구교육대 미술교육학과

107 노후계획과 투자
권택호 | 여수대 국제통상학과

108 영화산업
양영철 | 경성대 연극영화학부

109 동유럽의 변혁과 언론의 역활
정대수 | 경남대 정치언론학부

110 환율, 임금, 물가가 국제경쟁력 및 수출입산업에 미치는 영향
하인봉 | 경북대 경제통상학부

111 일본기업의 기술혁신 전략
위정현 | 중앙대 상경학부

112 노후보장정책과 역저당연금제도
조덕호 외 | 대구대 행정학과

113 유비쿼터스 라이프와 미래 사회
김석수 | 한남대 멀티미디어공학과

114 죽음과 관련된 생명윤리적 문제들
구인회 | 가톨릭의과대 인문사회과학교실

115 경제적 세계화와 빈곤문제, 그리고 국가
김준현 | 한일장신대 인문사회과학부

116 한국의 세계불교유산
김종명 | 한국학중앙연구원 한국학대학원

117 복지레저서비스론
고태규 | 한림대 국제학부

118 자생적 철학체계로서 인간중심철학
선우현 | 청주교대 윤리교육과

119 전략적 통합과 한반도 평화체제
김승채 | 고려대 정책대학원

120 환경사법론
전경운 | 경희대 법학부

121 인터넷 자료를 통해 본 한국의 이혼 문화와 사회복지
성정현 외 | 협성대 사회복지학과

122 유럽연합의 사회정책에 관한 연구
문진영 | 서강대 신학대학원 사회복지학과

123 여성건강의 통합적 관점
김혜원 | 관동대 간호학과

124 복잡계 네트워크 과학
강병남 | 서울대 물리천문학부

125 경제적인 3세대 전원주택 개발
박근준 | 호서대 건축공학과

126 사회복지와 인적자원개발
이상일 | 인제대 국제경상학부